休息革命

战胜过度工作的倦怠

（Amanda Miller Littlejohn）
[美] 阿曼达·米勒·利特尔约翰 著
陶尚芸 译

The
Rest Revolution
How to Reclaim Your Rhythm and Conquer Burnout
When Overworking Has Become the Norm

本书深入剖析了我们因过度工作而导致的职业倦怠问题，并提供了一套系统且实用的解决方案。作者指出，在以生产力为成功标志的文化中，许多人在无意识或公开的压力下，以不可持续的速度追求成就，却牺牲了自己的身心健康。本书还探讨了职业倦怠的根源，并提出了消除职业倦怠的方法，帮助我们重新掌控自己的时间、精力和生活。此外，本书还为我们介绍了如何借助自然的休息框架打破倦怠循环，实现成就与身心健康的平衡。这是一本为每一个渴望在工作和生活中找到平衡，渴望摆脱工作狂倾向，同时在工作、商业和生活中取得巨大成就的职场人士精心撰写的必读之作。

The Rest Revolution: How to Reclaim Your Rhythm and Conquer Burnout When Overworking Has Become the Norm by Amanda Miller Littlejohn, ISBN: 9781394259106

Copyright © 2025 by John Wiley & Sons, Inc.

All Rights Reserved. This translation published under license with the original publisher John Wiley & Sons, Inc. No part of this book may be reproduced in any form without the written permission of the original copyrights holder.

This edition is authorized for sale in the World.

本书中文简体字版由 Wiley 授权机械工业出版社出版，未经出版者书面允许，本书的任何部分不得以任何方式复制或抄袭。版权所有，翻印必究。此版本经授权在全球范围内销售。

北京市版权局著作权合同登记　图字：01-2025-1049 号。

图书在版编目（CIP）数据

休息革命：战胜过度工作的倦怠 /（美）阿曼达·米勒·利特尔约翰（Amanda Miller Littlejohn）著；陶尚芸译. -- 北京：机械工业出版社，2025.9.
ISBN 978-7-111-79026-6

Ⅰ. C913.2-49

中国国家版本馆CIP数据核字第2025X7G348号

机械工业出版社（北京市百万庄大街22号　邮政编码100037）
策划编辑：坚喜斌　　　　　责任编辑：坚喜斌　刘怡丹
责任校对：张亚楠　薄萌钰　责任印制：任维东
唐山楠萍印务有限公司印刷
2025年9月第1版第1次印刷
145mm×210mm・9印张・1插页・162千字
标准书号：ISBN 978-7-111-79026-6
定价：69.00元

电话服务　　　　　　　　网络服务
客服电话：010-88361066　机 工 官 网：www.cmpbook.com
　　　　　010-88379833　机 工 官 博：weibo.com/cmp1952
　　　　　010-68326294　金 书 网：www.golden-book.com
封底无防伪标均为盗版　　机工教育服务网：www.cmpedu.com

谨以此书献给我的母亲
——玛蒂·珀尔·塞维尔·米勒
（Mattie Pearl Sevier Miller）
感谢您在我生命伊始便种下这一念灵光，
感谢您穿越倦怠的迷障，一路前行，从未彷徨，
更感谢您以四季为章，写就涅槃重生的诗行。
谢谢您，母亲！

前　言
写给疲惫一代的觉醒之书

我们正身处一场"休息革命"的浪潮之中。

新冠疫情如同一记当头棒喝，惊醒了我们对工作的认知。美国人终于意识到：我们早已精疲力竭，现代职场文化难以为继，过度工作竟成为全民"信仰"。我们共同目睹了日常生活的荒诞：当人生优先级完全错位时，改变刻不容缓。人们开始直面那些灵魂拷问，有人甚至主动简化生活，只为给自己的挚爱、爱好和人生腾出一片喘息的空间。

曾几何时，雇主们纷纷响应员工诉求，通过推行员工健康计划和包容性举措，切实回应了职场人对福祉优先的呼吁，真正践行了"以人为本"的管理理念。

当写字楼陷入沉寂，远程办公（这一曾经的非主流模式）竟成为大多数职场人的生存常态。而事实证明，这一模式确实可行。如今，当越来越多的雇主试图挣脱后疫情时代的束缚时，我们已然站在了工作范式转型的临界点。

这场疫情为无数职场人提供了重塑工作范式的珍贵契机。变革之窗或许正在收窄，但尚未完全合拢。我们仍可奋力推进，坚守这份来之不易的进步成果。

当下正是掀起"休息革命"、彻底转变工作方式的关键时刻，而本书正是我从"变革前线"发回的深度纪实。

许多人终将明白，加倍努力工作换来的回报，终究抵不过付出的代价。那些曾以咬牙硬撑为荣的人，如今也开始反思：这真的值得骄傲吗？在一场全球疫情之后，许多人开始重新审视祖辈和父辈对"勤奋"的执念。那不过是时代的残影，而非职场圣经。

我并非深谙休息之道的专家，但我的身份早已为我添加了诸多"专家"头衔：作为在美国南方长大的黑人女性，我被迫成为过劳主义专家；作为被社会规训的女性，我堪称完美主义专家；而作为养育三个孩子的母亲，我更是一个疲惫成瘾、过度透支、分身乏术的专家。

有一点我必须坦诚相告：我并非执业医师，也不是心理治疗师。除非你恰巧是地球上那些白衣工作者中的一员，否则你也同样不具备专业资质。我们人类的生命轨迹或许惊人地相似，你定能从我亲历的种种际遇中，以及在本书娓娓道来的故事里寻得共情。

为了确保本书的科学性，我走访了众多专家学者，但请允许我郑重声明：在身心健康这个领域，我的建议并不完全具备专业效力。

现在免责声明已经说完，接下来不妨说说我的专长所在。我擅长从纷繁中窥见规律，于混沌里提炼模式。此外，我生性敏感细腻，总能觉察到身边最微妙的变化。比如某个清晨，我突然察觉林间的鸟鸣比上周稀疏了许多，便立刻与孩子们分享这个发现："你们说，那些消失的鸟儿都飞往了何方？"

正是这份与生俱来的敏感，加上我个人的经历和持续的记日记习惯，常能让我触及那些我们共同经历却难以名状的情感脉络。我坚持记日记已有大半生，这种日常实践，辅以敏锐的观察力与捕捉环境微妙变化的本领，确实使我拥有撰写本书的独特视角。

和大多数人一样，我逐渐察觉到一个普遍现象，无论是疫情期间，还是解封初期，在社交媒体的推送中，在妈妈们的闲谈中，它无处不在。突然之间，所有人都在暂停工作、休长假、退出社交媒体，舍弃了那些曾经认为必须腾出时间去做的事。疫情让我们看清了自己生活的局促，原来我们早已没有喘息的空间。起初这像是一时反常：先是有人退出社交媒体，接着有人辞职，然后是雄心消退，甚至有人降低收入目标。而同样的模式，也正在我身上上演。

我在疫情期间诞下第三个孩子，彼时自己几乎处于孤立无援的境地。孩子都满半岁了，我的母亲才第一次来看她的小外孙女。犹记得前两次我生产时，母亲总是早早守候在产房外，她是继我丈夫之后，第二个将新生儿拥入怀中的人。

然而，随着第三个孩子的到来，让我开始直面生命的叩问：如此拼命究竟为何？这一切有何意义？我又在向孩子们传递怎样的价值观？职业倦怠不是传说，我正在亲身经历。原以为极限永在前方，蓦然回首却已身在极限的边缘。

序　言
一个倦怠者的自白

▎隐秘的工作成瘾

我叫阿曼达，一个无法自拔的工作成瘾者。

30 年来，我始终被一种危险的工作成瘾症无声侵蚀。而可悲的是，其中 20 年，我竟浑然不知这是种病态。

这种成瘾症之所以难以察觉，是因为它帮我获得令人艳羡的成就，让我收获无数赞许的目光，成为父母眼中的骄傲、伴侣心中的依靠，最终化作孩子们引以为豪的母亲光环。

多年来，我沉迷于自我苛求：过度追求成就，追求极致表现，不断突破极限，这一切曾让我收获颇多。直到某天，我迎来新生的宝宝，要疏导因居家上网课而濒临崩溃的青春期孩子，还要在致命病毒肆虐中艰难求生，同时还经营一家被疫情逼入绝境的企业，所有这些都叠加在那场席卷全球的疫情里。

长期过度工作,再加上又为人母的睡眠剥夺,让我陷入了严重的精力枯竭。我不断陷入抑郁,变得容易感染疾病,身体也逐渐垮掉。不过,银行账户却愈发充裕,客户们也收获了亮眼的成果。

坦率地说,尽管我的健康每况愈下、身体早已透支殆尽,但如果我的青春期的孩子们不在身边见证并让我看到自己的疯狂,我可能至今仍在拼命硬撑。

警醒时刻

疫情肆虐的日子里,我迎来了新生儿,家中还有两个青少年,事业也处于超负荷运转状态。一边居家办公,一边监督孩子上网课,屋里永远人仰马翻,重要的事情总在不经意间被遗忘。

记得那个周一的凌晨,全家还在熟睡,我强撑着昏沉的脑袋爬起来工作,却怎么也驱散不了困意。凌晨三点钟,面对排满全天的视频会议,准备时间仅此一刻。到了六点钟,我的大脑已经混沌不清,身体也开始发烫。当我终于想起测量体温时,高烧早已席卷全身。从舌下取出冒着热气的体温计,刺目的红色数字在显示屏上跳动:$101.5\ °F$($38.6\ °C$)。

"真是幸福死了!"我暗自苦笑。手头的工作已经积压了几项,本该给刚满月的女儿喂奶的时间也早已错过,我哪有生病的资格。

前一天,我察觉到右乳传来阵阵刺痛,本想预约远程问诊。好不容易接通视频,当医生的面孔出现在 iPhone 屏幕上时,我的体温已飙升至 103.5℉(39.7℃),我虚弱地躺着,身下的床单早已被汗水浸透。

这场病来势汹汹,起因是一个月前我刚经历分娩,在剖宫产术后尚未痊愈时就投入工作。由于新生儿需要照料,我的作息完全被打乱了,只能趁夜深人静时见缝插针地工作。手术创伤和长期睡眠不足严重削弱了我的免疫力,最终我的身体选择了彻底罢工。

走过这段至暗时刻,我曾固执地以为,这场磨难只是我一个人的独角戏。我咬牙熬过了锥心刺骨的乳腺炎,它却残忍地斩断了我的母乳时光。即便头昏脑涨、神志恍惚,我依然准时出现在每一个视频会议里。直到孩子们说出心声,我才惊觉自己的执拗给他们带来了怎样的阴影。

当时正读九年级的儿子洛根向我坦白,我被工作压垮的模样让他寝食难安。他说:"你的身体明明在拼命拉响警报,可你却一次次按下静音键,那感觉就像是眼睁睁看着你在流沙里越陷越深。"这个小小少年的话如同一记闷拳,狠狠地击中了我。

当时正读八年级的康纳,在我高烧不退时,总会在网课间隙跑来照顾我。后来他告诉我,我那副模样让他害怕极了。

孩子们的话让我百感交集。羞愧、自责、懊悔一齐涌上心头。我总觉得自己是个称职的母亲：把孩子们放在第一位；努力治愈自己的心理问题，不让他们受到影响；学习各种育儿知识，只为给他们最好的人生起点。难道就因为我这次不小心在他们面前暴露了那个真实的自己，那个平日被校园生活庇护着的孩子们根本无从知晓的、疲于奔命且狼狈不堪的妈妈，之前所有的良苦用心就都前功尽弃了吗？

就像祖母生前常念叨的那句老话：这次我可真是原形毕露了。

危险的榜样

听了孩子们的心声，我才恍然惊醒，原来自己的行为不仅树立了一个危险的榜样，更在他们心中投下了恐惧的阴影。伤害自己尚可承受，但让孩子担惊受怕就完全不同了（我明白这个道理，就像飞机安全守则中强调的，当客舱失压时，成人必须先戴好自己的氧气面罩，才能去帮助儿童）。更让我揪心的是，孩子们可能会将这种透支生命的状态视作人生常态。那一刻，我幡然醒悟：是时候做出改变了。

然而，现实证明，这场疫情让诸多家长与孩子不堪重负的工作生活模式暴露无遗。

华盛顿特区的儿童治疗师克里斯蒂安·欧文斯（Kristian Owens）指出，在疫情最为严峻的时期，她所目睹的不仅仅是那些苦苦挣扎的孩子，更有那些长期精疲力竭、情感疏离，甚至完全丧失亲子联结的父母。

欧文斯告诉我，职业倦怠的影响远不止成年人。当父母长期处于心力交瘁的状态时，就难以在情感上给予孩子足够的关注。而当孩子察觉到这种情感上的疏离时，就可能引发诸多心理和情绪问题。

新冠疫情更是让这些问题雪上加霜。疫情期间，欧文斯的小型诊所人满为患，因为焦虑的父母纷纷为孩子寻求心理健康服务。她解释道："隔离让孩子失去了与朋友相处的机会，网课也让他们倍感压力，但最根本的问题在于，同样饱受倦怠折磨的父母，已经无力为孩子提供应有的情感支持了。"

新冠疫情期间，当无数学龄儿童被迫居家时，目睹父母深陷职业倦怠的场景竟成了他们的家常便饭。"在高压职场拼杀一天后，回到家还要强打精神应付育儿，那种被掏空的感觉无声蔓延，整日的疲惫已将我彻底榨干，此刻的我已给不出分毫精力，"欧文斯解释道，"尤其是作为母亲，我们身兼数职，回到家时连自己的情绪都无暇顾及，哪还有余力给孩子情感滋养。"

某个清晨,在咖啡的香气中,儿子的一席话让我始料未及。当我向这个十几岁的少年透露我准备休假的计划时,他眼中闪过的欣喜让我心头一颤。在回忆那段我沉迷工作的日子时,他轻声诉说着那些居家上网课的日子里目睹我日渐憔悴的揪心时刻。

"还记得今年年初的那个你吗?"儿子轻声问道,"夜夜辗转难眠,步履蹒跚却强忍疼痛,眉宇间总锁着烦躁与忧郁。永远被工作淹没,永远抽不出片刻时间交谈。"

他的这番话如醍醐灌顶,让我在隐隐感到刺痛中仍坚持追问:"继续说下去。"

"那时候,待在你身边真的很煎熬,"他顿了顿,"看着你那样,我心里特别难受。"

每个字都像一根细针,扎在了我的心上。

虽然我的孩子们能如此清晰地描述出目睹我挣扎时的情感轨迹,但这样敏锐的情绪表达能力在孩童中实属罕见。欧文斯指出,绝大多数孩子不会直接倾诉感受,而是通过行为来释放压力。无论是像我的孩子这样坦诚沟通,还是通过发脾气来宣泄,孩子们对父母状态的感知远比我们想象的更敏锐。当他们无法用语言表达时,就可能会通过在家捣乱、在校惹事等方式,唤起父母的关注。

医学博士贾兰·伯顿(Jalan Burton)是一位提供上门服务的儿科医生(疫情期间,正是这位仁医亲自上门为我的宝宝看诊）。与传统坐诊模式不同，她将仁心仁术带进了患者家中。在 2020～2021 年，她目睹了一幕幕令人心碎的画面：父母们普遍深陷抑郁阴霾，终日与焦虑缠斗，带着易怒情绪，犹如行走的火药桶。她通常只需在新生儿出生后的头几个月内为产妇进行初期抑郁筛查，但基于日常巡诊中观察到的种种症状，她不得不将筛查频率提高到近乎常规检查的程度。

她解释道："我发现自己越来越需要主动介入，因为家长们已经心力交瘁了。"当筛查显示父母存在抑郁、焦虑和易怒症状，却未跟进心理健康治疗时，她就会主动询问是否需要代为联系治疗师以启动诊疗程序。"凡是我开口相询的家长，无一例外都接受了这份援助。"她欣慰地说道。

情感崩塌如断翅的飞蛾

欧文斯指出，即便在疫情期间，美国许多学校仍要求学生若无其事地到校上课，仿佛这场全球疫情和集体心理创伤根本不存在。她形象地描述道："孩子的情感崩塌如断翅的飞蛾，纷纷坠落。"

追根溯源，虽然家长过高的期许难辞其咎，但欧文斯犀利地指出，社会对过度工作的推崇才是根源。她说："我们早已被这个歌颂'拼命三郎（或拼命三娘）'的社会彻底洗脑，把这种扭曲的价值观代代相传，也就不足为奇了。"

这种畸形的奋斗哲学注定要付出沉重的代价。于我而言，它蚕食了我的身心健康；而对那些心理防御机制尚未健全的青少年来说，这种伤害更具毁灭性，因为他们稚嫩的情感根本无力招架随之而来的恶性循环。

在我生活的华盛顿特区这片精英荟萃之地，人们的雄心壮志直冲云霄，然而其衍生的心理代价同样触目惊心。欧文斯向我透露："我诊治过很多个门门功课全优、就读于本市顶尖名校的孩子，他们的心理健康却亮起红灯。"这些青少年患者往往一边与抑郁症艰难抗争，一边以近乎完美的成绩从高中毕业，最终却在大学起步阶段轰然倒下，只因他们在维持学术巅峰的长跑中，早已耗尽了全部心力。

点燃集体倦怠的火种

新冠疫情并非职业倦怠的始作俑者，却无疑是那根导火索。

麦肯锡将职业倦怠定义为"因在工作中缺乏成就感和自主权而产生的精力耗竭、愤世嫉俗和情感疏离的状态"。这番描述，想必每一个自诩为野心勃勃之人、成就斐然之士、锐意进取者，或任何彰显向上攀登标签的人都会感同身受。

然而，无论职场成就高低，疫情都通过多重机制加剧了这场集体倦怠。在生死攸关之际，疫情加重了许多人的工作负担和压力，医疗从业者尤甚。在疫情高峰期，一线工作者面临着不堪重负的病患接诊量和超长的工作时间。这种持续的高压导致他们身心俱疲，产生一种永远追赶不上的无力感。

远程办公成为常态，职场与生活的界限日渐模糊。工作和生活之间的边界彻底失守。人们发现自己时刻在线，工作时间不断延长，而真正的身心抽离却成为奢望。最重要的是，隔离政策导致社交疏离与普遍蔓延的孤独感，多数人不得不重构生活秩序。

那是一个充满未知的时期，在疫苗尚未问世的至暗时刻，死亡的阴影时刻萦绕。至今我仍难忘那段守着新闻、等待福奇博士最新防疫指引的日子。那段时间，我前所未有地紧追新闻动态。和许多人一样，疫情消息的持续轰炸，加上对染病和失去亲人的双重恐惧，让我的焦虑和压力不断攀升。

这些因素相互交织，最终在新冠疫情期间形成了一场席卷全球的职业倦怠风暴。但细究根源，这场集体性危机，正如我个人过劳经历的缩影，其祸根早在 2020 年之前就已种下。

目　录

前言　写给疲惫一代的觉醒之书
序言　一个倦怠者的自白

第一章　机械思维：工业时代的认知革命 / 001
　　过度劳动的价值编码 / 003
　　我与亨利的联系 / 005
　　心理机制探微 / 006
　　社会规训的诞生 / 006
　　劳工阶层的崛起 / 007
　　社会学理念的兴起 / 009
　　系统性威胁和相似性偏见 / 011
　　系统性失调和职业倦怠 / 013

第二章　自动驾驶式过度工作：自动进入拼命工作状态 / 015
　　完美主义枷锁 / 017
　　被规训的卓越：过度追求与加倍付出的困境 / 019
　　恩师猝逝，强忍悲痛，如约赴诊 / 020
　　当工作、劳动和生产力成为衡量自我价值的标尺 / 022
　　冒名顶替综合征：我的成功是侥幸 / 023
　　关于"能量转场"的新思路 / 027
　　核心洞见 / 028

第三章　要事后置：搁置该置顶的事务 / 031
　　让我重焕生机的活动、召唤心灵的挚爱，我实在无暇顾及！ / 033
　　让我焕发活力的人际往来？抱歉，我实在分身乏术！ / 037

XVII

工作若能为生计买单，大可不必苛求成就感 / 038
真我太昂贵，我消费不起！ / 039
我连自己是谁、想要什么、奋斗的动力来自哪里都搞不清楚，而现实根本不给我停下来反思的机会！ / 041
我哪儿顾得上自己啊？活儿干不完，还得伺候别人！ / 043
核心洞见 / 044

第四章　那些被我们屡屡忽视的冬歇季 / 045

反复跳过冬歇季 / 047
即使状态不佳，我也必须时刻在线 / 049
科技近在指尖，却逼我上演"高效人生"的荒诞剧 / 050
我承担不起"隐形"的代价 / 052
我不敢松开油门，否则就会被别人超车 / 055
我不能消失，唯恐被人遗忘 / 055
不休主义的思维陷阱 / 059
与自然同频的四季人生 / 060
万物皆需休憩 / 061
为什么停不下"反复跳过冬歇季"的模式 / 061
核心洞见 / 061

第五章　崩溃边缘：当倦怠达到临界点 / 063

健康危机 / 065
痛失至亲之人 / 066
职业生涯的顿悟时刻 / 069
核心洞见 / 070

第六章　觉醒和转变：思维重塑、身心调频、要务置顶 / 071

工作 ≠ 价值，请给自己松绑 / 073

重审野心：雄心壮志的价值重构 / 075
休憩调频，重启身心 / 076
思维重塑、身心调频、要务置顶 / 078
尊重自己的需求 / 079
探索新方法 / 081
核心洞见 / 082

第七章　现代新瘟疫：职业倦怠的全球蔓延史 / 083

弗雷德里克·泰勒 / 085
亨利·福特 / 086
乔治·华盛顿·卡弗 / 087
"心田轮耕法"理念的诞生 / 092

第八章　心田轮耕法：取心之所向，建人生景观 / 095

自省的习惯 / 096
停止无谓的揣测 / 098
人生如四季 / 098
"心田轮耕法"内容概览 / 099
"心田轮耕法"和四季韵律 / 100
四季人生：向冬天借智慧 / 101
冬季复盘：修剪的智慧 / 102
播种季 / 103
收获季 / 107
冬歇季的决策智慧 / 109
春耕季的使命 / 112
夏长季的使命 / 114
秋收季的使命 / 116
没有哪个季节会被虚度 / 117

XIX

最佳生长条件 / 120
麦蕾克的蜕变之旅 / 123
毕业季：告别某个阶段 / 124
你的"下一季" / 128
肌肉记忆的奥秘 / 131
练习：运用"故事金字塔"模型 / 132
核心洞见 / 134

第九章　重拾真我：消解生命不能承受之耗 / 139

挣脱麻木，驻足沉思，致敬你的人性与伤痛 / 141
你本值得：接纳自我价值 / 142
伪装的代价：当代人的能量透支之谜 / 143
为何我们总看不清自己 / 144
尊重你的独特性 / 146
向内探索，寻找心灵 GPS / 147
叩问心门，认识真我 / 148
聆听直觉的智慧 / 149
卸下伪装的面具 / 150
阻力幻象：你以为的惊天动地，不过是别人的过眼云烟 / 152
核心洞见 / 153

第十章　野心的分寸感：找到最舒展的职业姿态 / 155

志向失谐：职业倦怠的隐形推手 / 157
拨云见日：校准志向的第一步 / 159
美国梦的当代转型：从追求财务自由到探寻生命意义 / 165
目标的力量：驱动卓越的内在引擎 / 166
欲望解码：如何厘清你当下的真实渴求 / 167
如何让目标计划与内心渴望同频进化 / 170

当志向与使命同频，每份努力都充满能量 / *171*

当理想需要转向时，如何优雅调整 / *173*

核心洞见 / *176*

第十一章　效能升级：从时间奴隶到能量主宰 / *177*

提升个人效能 / *178*

设定边界 / *183*

个性化定制 / *187*

优化能量分配 / *192*

锁定你的能量补给型活动：续航个人目标的能量密钥 / *195*

打造个人休憩文化，设计职业空窗期 / *196*

核心洞见 / *197*

第十二章　场域赋能：休憩空间的重启与调谐 / *199*

倦怠如何影响你的神经系统 / *202*

善用感官的力量：声音的疗愈作用 / *202*

制订晨间例行程序 / *206*

冥想修行记 / *210*

重塑你的生活场域 / *212*

重拾大自然之韵 / *213*

练习呼吸法 / *216*

整理心灵，回归宁静 / *219*

核心洞见 / *223*

第十三章　重建联结：建一个社群，赢一生盟友 / *225*

孤独效应：从社交缺失到职业倦怠 / *226*

我们为何变得如此孤独 / *228*

社交鸿沟如何让我们陷入孤独困境 / *229*

当"做自己"被误判为"用力过猛" /230
梳理你的人际网络，定位你的能量分布 /232
从执行者到领导者：关键在于构建支持体系 /233
优质能量补给型关系清单：最值得你加倍投入的能量补给站 /235
将人际联结列为人生要务 /238
社群联结仪式：在日程表中锁定共处时段 /239
明确你的兴趣所在 /240
挖掘你的校友资源 /241
寻找年轻后辈，亦师亦友共成长 /242
找到你的用武之地，发挥你的独特价值 /242
打造你的专属社群圈 /243
精心规划人际连接 /244
人脉共赢：从孤独创业者到社群缔造者的蜕变 /245
核心洞见 /246

第十四章　破局职业倦怠：从组织支持到自我赋能 /247

职场如何为倦怠员工提供支持 /253
当系统性歧视遇上自我调节 /255
企业策略：为弱势群体构筑心理安全网 /257
企业如何助力员工战胜职业倦怠 /258
核心洞见 /260

后记　拒绝"永续绽放" /261
致谢 /264

The Rest Revolution

01

第一章
机械思维：
工业时代的认知革命

19世纪后期，在美国工业革命的浪潮中，大批移民和刚刚获得自由身的非裔美国人涌入劳动力市场。铁路工业的迅猛发展，特别是连接沿海城市与内陆地区的铁路干线建设，对筑路工人的需求达到了前所未有的程度。

在铁路建设的传奇故事中（许多研究者认为其确有历史原型），一位名叫约翰·亨利的非裔美国人，在铁路工地上赢得了"最强最快钢钻手"的美誉。钢钻手的工作是用人力锤击钻头，穿透坚硬的山体岩床，以便后续在孔洞中安置炸药，将山体分段爆破，从而为铁轨和隧道腾出空间。

约翰·亨利受雇于西弗吉尼亚州，参与修筑全长6450英尺（约1966米）的大弯山隧道。试想一下：用钢钎与炸药硬生生凿穿整座山脉，这是何等缓慢、枯燥而又耗尽体力的苦工。

开工两年后，切萨皮克-俄亥俄运河公司的高管引进了新发明的蒸汽钻机以加快工程进度。据称这种蒸汽钻机的钻孔速度远超人工，而对以神速和神力著称的钢铁汉子约翰·亨利而言，这场挑战已然拉开序幕。

第一章　机械思维：工业时代的认知革命

约翰·亨利毅然迎战蒸汽钻机。他抡起铁锤，在嶙峋的山岩上挥汗如雨。传说他一度双手各执10磅（约4.5千克）重锤，在蒸汽钻机轰鸣作业的同时，以血肉之躯与钢铁机械展开较量。当钻机仅深入岩层9英尺（约2.7米）时，这位钢铁汉子已凿出14英尺（4.3米）的深邃孔洞。可是，获胜后，他因体力透支轰然倒地，就此殒命。

约翰·亨利获得了"最强最快钢钻手"的称号，但这是以他的生命为代价的。

过度劳动的价值编码

约翰·亨利的传奇虽属民间杜撰，却如同一面镜子，映照出现代社会对劳动价值的信仰，更折射出这种观念的演变过程。

无论视其为纯粹的寓言抑或历史事件，这位钢铁汉子的故事说明了美国人是如何将职业尊严与自我认同联系在一起的。这个故事道出了一个永恒的困境：当技术革新如潮水般冲击传统生存方式时，人类总会本能地紧握往日的荣光。然而，与其徒劳地对抗变革，不如另辟蹊径，重新证明自己的价值。

约翰·亨利将"最强最快钢钻手"的称号刻进了骨髓，使那本该让他省力的新机器，最终碾碎了他的尊严。

这种执念其实情有可原。一个初获自由之身的昔日奴隶，将全部青春热血都奉献给了"行业第一"的荣光。而眼前这台机器（不需要休息，无须进食，几乎无所不能），竟能轻易超越他用毕生心血铸就的声誉与尊严。那些引以为豪的技艺与速度，在机械的轰鸣中顷刻间黯然失色。

即便如此，约翰·亨利仍偏执地认为：只要锤头抡得更快、钢钎扎得更深，就能逆转被时代淘汰的宿命。

站在今天的视角回望，我们都会明白这是多么荒谬的抗争。当环境剧变、规则改写时，若只是埋头加速、拼命加码，继续用旧方法蛮干，就是螳臂当车。

与约翰·亨利一样，我们终究是血肉之躯，而非钢铁机器，却总在用机械的标准苛求自己。蒸汽钻机或许无须进食、休眠与休整，但人类不行。

现代职场中，那些被精心设计的高压环境，本质上都在期待人类突破生理极限，达到机械般的产出标准：质量要更精良，成本要更压缩，速度要更惊人，产量要更突破。

明白这一点之后，你终将面对以下问题：你是否愿为这般专横的标准燃尽生命？要继续像机器一样运转，还是重拾生而为人的尊严？

从"机械的附庸"到"觉醒的自我"，这才是未来职场应有的蜕变。这是一个值得我们倾注时间与深思的问题：你该如何下定决心牢记人性，并在工作中尊重它？

第一章　机械思维：工业时代的认知革命

▍我与亨利的联系

我完全能体会约翰·亨利那种从拼命工作中获得的价值认可与自我认同。

于我而言，这个问题早在小学时就开始了。当时，当我发现那一连串漂亮的"A"能让我的父母展露笑颜，在他们婚姻分崩离析、彼此恶语相向的日子里，我仿佛找到了缓解家庭紧张关系的秘方。如果这意味着要用全优成绩、少年荣誉学会的绶带、大学先修课程和国家级奖学金换来片刻安宁，我也觉得可以接受。

而全优成绩仅仅是个开端。追求卓越的人都明白，职场进阶之路上，渴望证明自我的人永远不缺舞台。当严苛的标准、过人的天赋与难得的机遇在我身上交织，便催生出危险的催化剂，让我在自我苛求的路上愈行愈远。

我这种"甘愿比他人多拼三分"的倔强，与捕捉机遇的敏锐嗅觉，不仅成为职业生涯的利器，更淬炼出一套独特的心法。如今这套认知框架已指引数百人确定自身优势所在，并在各自选择的赛道中，将点滴优势转化为磅礴势能。

我为此感到骄傲！真的，无比骄傲！但有一天我恍然醒悟，就像约翰·亨利那根钉入岩层的决胜钢钎，所有辉煌背后都暗藏着不为人知的代价。

心理机制探微

专为精英人士提供心理咨询的蕾莎·莫克斯利（Reisha Moxley）博士指出，在这个将职业成就神圣化的社会里，工作已成为维系自我价值的来源。

她告诉我："当你在生活中感到不满足或渴望更深刻的情感联结时，工作就成了转移注意力的避风港。特别是当我们的业余生活缺乏多巴胺刺激时，工作成就便成了最触手可及的'兴奋剂'。"

扎心了！我确实总是用工作当挡箭牌，逃避那些不愿面对的棘手问题。

当工作与生活的界限日渐模糊，一个人的自我认同、自尊和价值感很容易与工作纠缠不清。特别是当一个人开始从职业身份中获取认同（无论这种认同多么扭曲或矛盾）时，这个"职场人设"终将吞噬他的全部人生。

"职场可能是他们人生中唯一能持续获得回报（薪酬、晋升、福利）的领域。"莫克斯利博士如是说。

社会规训的诞生

个人层面的焦虑固然会助长过度工作的倾向，但真正将我们推入这种境地的，是现代职场文化的集体意识。

过度工作的历史根源虽可追溯至更早，但关键转折点当属 150 年前，即美国工业革命的黄金时代。美国内战结束后，工业化的狂潮席卷美国社会，彻底重塑了人们对工作的认知与态度。

在这场生产力变革中，人力劳动（如约翰·亨利挥舞的铁锤与钢钎）逐渐被轰鸣的机器取代，生产效率因此大幅提升。水力、蒸汽动力乃至电力的普及加速了这一进程。随着农业经济向制造业转型，大量劳动者从农田涌入工厂。铁路与运河等基础设施的完善，使得货物与人员的流动更为迅捷，社会联结也愈发紧密。

机械革新、动力革命与交通升级，这一系列变革不仅使劳动力需求激增，更让人们对"经济机遇"有了无限憧憬。

劳工阶层的崛起

美国迅速赢得了"机遇之地"的美誉。在当时的美国，只要你不是非洲裔，就有机会出人头地。这与欧洲社会形成了强烈的反差：在那里（时至今日依然如此），阶层跃迁可谓凤毛麟角。人们往往终身禁锢于与生俱来的社会阶级的桎梏之中。

而在美国，出身的阶层从不是禁锢人生的枷锁。随着蒸汽机、水力机械等新型生产工具的广泛应用，美国迎来了生产力的大爆发。这场工业革命催生了巨大的劳动力需求,而充沛的人力与先进的机械又导致了商品过剩。正是这种生产过剩,推动了交通运输业的革新浪潮,人们迫切需要更高效的方式来运输货物和人员。

在这个新兴国度建设连接各地的基础设施,包括道路、铁路、隧道、运河和桥梁,虽然创造了发展机遇,却也让社会付出了沉重的人力代价。

彼时,来自欧洲的贫苦移民漂洋过海来到美国,既为谋求生计,也为躲避宗教迫害。由于缺乏迁徙的资本,他们大多滞留于登陆口岸的城市,沦为都市贫民。这些移民往往只能从事薪资微薄的工作,甚至被迫接受危险工种,在生存线上艰难挣扎。

以伊利运河为例,这条连接纽约哈德逊河与伊利湖的水道,在5万筑渠工人中夺走了1000多条性命。而在西弗吉尼亚山区开凿仅3英里(约4.8千米)长的鹰巢隧道,5年内就造成至少764名工人因矽尘致病死亡,而实际的死亡数字据估算可能超过2000。

然而,"美国梦"的诱惑实在让人难以抗拒:只要辛勤劳作,就能在这片新大陆重塑人生。勤奋不仅是生存之道,更是阶层跃升的阶梯。"勤劳致富"自然而然地成了欧洲移民后裔代代相传的价值观。

但对刚获得自由身的非裔美国人而言,能够获得有偿工作本身就是一场革命。在此之前，南方黑人被迫从事无酬劳役，他们如同生产工具般被买卖，一旦丧失劳动能力就被无情抛弃。

许多像我这样的非裔美国人，都能将过度工作的执念追溯至这些新获自由的奴隶。他们曾被当作劳动力商品买卖，其社会身份与个人价值被牢牢地绑定在劳动产出之上。

社会学理念的兴起

工业革命浪潮席卷美国之际，机械工程师弗雷德里克·泰勒（Frederick Taylor）敏锐地观察到，蒸汽机与水力机械的应用正在重塑整个劳动力市场结构。当生产方式从田间耕作转向工厂制造，劳动组织形态从家族协作演变为陌生人集体作业时，一系列前所未有的管理挑战应运而生。泰勒开始思考如何科学地组织工业化生产，如何有效地管理规模化劳动力。

泰勒给出的解决方案是，建立标准化、系统化、流程化的工作体系。他开创的"时间－动作研究"通过精确测量和记录每个作业环节，量化分析工作效率，为企业提供基于实证的生产力提升方案。其核心理念是，通过优化动作组合，帮助工人以最少的时间和动作完成生产任务。

凭借机械工程师的专业素养，泰勒通过精细的"时间－

动作"研究，设计出了最优化的作业流程。其中最具代表性的案例是他的铲具实验。通过对不同规格的铲具进行系统测试，泰勒发现21磅（约9.5千克）的铲具能在保证物料搬运效率的同时，最大限度地降低工人的疲劳度。这一看似简单的改良，使煤炭装卸等重体力劳动的生产效率获得了突破性提升。

泰勒的另一项重要实验聚焦于砌砖作业。他细致观察砌砖工人的每一个动作，通过优化操作流程和改良工具，开发出一套消除冗余步骤的新方法：将砖块和灰浆置于腰部高度以减少弯腰动作，并统一取砖、砌砖的标准动作。这套改良方法使工人日均砌砖量从1000块跃升至2700块。

从铲具规格到砌砖方法，泰勒的"时间－动作研究"为工业效率带来了革命性提升，奠定了现代制造与劳动管理的实践基础，并推动生产率实现200%~400%的增长。

泰勒实现这一目标，本质上是通过工程化改造，使工人的生产操作像机器般整齐划一、高效可靠。

这些关于工人效率的实验开创了后来被称为"泰勒制"或"科学管理"的研究领域。企业主们为这种方法带来的产量飙升所折服，纷纷采用这套方法，从而在工业生产中进一步固化了"人力当如机器运转"的管理理念。

第一章　机械思维：工业时代的认知革命

系统性威胁和相似性偏见

就在泰勒开展"时间－动作"研究的同时，德国社会学家马克斯·韦伯（Max Weber）也在思考一个问题：从家庭式小农庄和手工作坊转向工业化生产时，组织结构将如何影响任务分配、绩效评估和人才激励。

被誉为"组织理论之父"的韦伯主张建立正式规章制度，以保护劳动者免受基于家族亲缘、种族认同、宗教信仰或国籍背景造成的偏袒行为。他将这种偏袒现象称为"特殊主义"，这种潜规则会导致不同群体的员工面临截然不同的评判标准。

这种特殊主义（用当今术语可称为"相似性偏见"）可能会让人在工作中疲于奔命，尤其是当你并非受偏袒的一方时。

安珀·卡布拉尔（Amber Cabral）从多个维度延续了韦伯的研究。作为职场文化与领导力咨询顾问，她目睹了失控的特殊主义如何为那些不受领导青睐的员工制造额外负担，这种持续加码的压力最终会演变为"职业倦怠综合征"。

作为屡获殊荣的咨询顾问、演讲者和培训师，卡布拉尔保持着每周出差的工作节奏。她以自己坚持无麸质饮食的身份为例，生动诠释了在一个并非为差异化个体设计的世界中生存所需付出的额外代价。在她看来，坚持无麸质饮食已然成为一种身份认同的标记。而那些相对小众的身份特质，往往会让身份持有者不得不承担额外的生存成本。

"作为一名无麸质饮食者，我频繁出席各类行业会议，经常受邀发表演讲，参与众多社交活动，"她坦言，"每次我都面临两难抉择：要么不厌其烦地向众人科普无麸质饮食的种种忌口，忍受异样眼光与不便；要么干脆不吃，饿着肚子走人。"

尽管她每次都会提前特意注明饮食禁忌，但会议主办方总会忽略她的特殊需求。当服务员端上她无法食用的餐点时，她不得不退回餐盘，反复解释自己的特殊需求，然后饿着肚子等待更换。更令人疲惫的是，同桌的宾客总会投来好奇的目光，不断追问她为何迟迟不动餐具。原本只想安静吃顿饭的她，却被迫开启了一场关于自我身份的公开讨论。

卡布拉尔说："现在我不仅要向整桌人解释什么是无麸质饮食，还总会遇到那种坚持'只有乳糜泻患者才需要忌口麸质'的人。于是我又得详细说明自己的确诊经历。结果饭没吃成，反倒变成开讲座了。"而当她的特制餐食终于送来时，往往其他人都已用餐完毕。所谓的"特餐"往往只是胡乱拼凑的食物，根本算不上一顿正经饭菜。

试想一位无麸质饮食者在这个世界穿行的日常，你就会明白这些琐碎的负担如何日复一日地累积成山。他们旅行前必须查好备选餐厅，或自备食物才能安心出行。这些看似微小的额外付出，日积月累便成了沉重的认知负担。

你所拥有的身份特权越少，需要承担的劳动就越多。当工作压力增大时，你面临职业倦怠的风险就越高，因为这些与身份相关的问题本身就会给经历者带来额外负担。

我们每个人都具有显性和隐性的身份特征，可能是无麸质饮食者、神经多样性人士，或是具有其他特殊的身份认同，也可能说话带着浓重口音等。当你的身份特征偏离社会公认的"常态"时，你就必须在本职工作之外付出更多的额外劳动。这些劳动不断累积，最终可能引发职业倦怠。

事实上，根据人力资源管理协会（Society of Human Resource Management，简称 SHRM）的研究，在疫情期间，员工的特殊身份特征显著影响着他们对远程办公的适应程度。许多非裔员工尤其青睐远程办公模式，因为这减少了他们遭遇隐性种族歧视的概率。未来论坛（Future Forum）的调查显示，仅有 3% 的非裔白领愿意重返办公室工作，而白人员工中这一比例高达 21%。

系统性失调和职业倦怠

根据世界卫生组织的定义，职业倦怠是一种由长期工作压力未能得到有效管理而导致的综合征，具有三个典型特征：

- **精力耗竭或疲惫感。**
- **对工作产生疏离感，或者对工作产生消极情绪或愤世嫉俗的态度。**
- **职业效能降低。**

备注：职业倦怠特指职业环境中的现象，不应该用于描述其他生活领域的体验。

尽管职业倦怠常被归因于个体层面的压力管理失败，但现实中，系统性结构失调才是诱发员工倦怠体验的深层根源。

本书的核心观点是，职业倦怠本质上源于一系列系统性身心失调。这些失调状态与我们的天性相悖，如同持续运转的磨耗装置，不断消解我们的内在能量。当这种能量耗损日积月累，我们就不得不应对过多摩擦，最终陷入倦怠状态。

更关键的是，当我们无法接触到那些本该为我们注入活力的事物（与我们内在需求相契合的要素）时，我们就错过了自我充能的天然机会。反之，若能缓解系统性身心失调造成的持续性摩擦，主动投身于那些真正契合个性、能激发内在动能的活动、工作及人际关系之中，我们就能重获必需的心理能量，从而走出倦怠的泥沼。

The Rest Revolution

02

第二章

**自动驾驶式过度工作：
自动进入拼命工作状态**

机械思维模式会使人陷入系统性身心失调，主要表现为"自动驾驶"式的工作状态。这种模式源于长期超负荷工作形成的肌肉记忆，表现为人在经历重大健康问题、人生危机、丧亲之痛或创伤事件后，仍然强迫自己继续工作，无视身心需求。

自动驾驶式过度工作具有以下五个典型特征。

1. 完美主义枷锁："我必须做到完美才有价值。"
2. 过度追求成就："仅仅达标远远不够，必须付出200%的努力。"
3. 痛苦压抑机制："我必须强忍身心煎熬，再难也要硬撑下去。"
4. 价值绑定错觉："我的存在价值等于我的劳动产出。"
5. 成功虚幻感："所有成就都是侥幸所得。"（冒名顶替综合征）

第二章 自动驾驶式过度工作：自动进入拼命工作状态

完美主义枷锁

自动驾驶式过度工作背后的一个支撑信念就是，我必须做到完美才有价值。正如《停止等待完美》(Stop Waiting for Be Perfect)的作者、记者洛蕾尔·汤普森·佩顿（L'Oreal Thompson Payton）所言，完美主义是一杯危险的鸡尾酒，它混合了过度工作、过度追求成就和不断自我证明的强迫行为，往往以透支心理健康与生命质量为代价。

"我曾是个门门拿A的优等生，毕业典礼上的致辞代表，荣誉榜单的常客，甚至连出勤记录都毫无瑕疵，获奖无数，但光环背后的代价鲜为人知，"佩顿在接受我的采访时说，"不可否认，这种完美主义确实铺就了成功之路。若不是这些苛求完美的执念，此刻我或许根本无缘坐在这里与你交谈。"

接着，她话锋一转："糟糕的是，它可能会耗尽你所有的心力，不光搞垮你的心态，连身体也会被拖累。"

佩顿坦言，她的完美主义很大程度上是自我豢养的精神困兽。她热爱学习，享受校园生活，课业对她而言游刃有余。但不知从何时起，完美主义悄然异化为她自我设定的生存法则：必须持续斩获最优成绩、永居榜首，方能证明自身价值。

这种执念并没有止步于校园。"颇具讽刺意味的是，虽然成人世界不再颁发幼儿园的金星贴纸，却换成了各种行业奖项。我初入新闻行业时，便斩获地区新闻协会大奖，这无异于给完美主义的野火添柴。"

佩顿透露，在疫情与艰难备孕的双重压力下，她变本加厉地掌控一切可控因素。于是，她将这种完美主义执念注入"动感单车运动连续打卡记录"，这项她保持了600多天的纪录，终因一次不得已的训练缺席而止。

"当这段坚持戛然而止时，我的泪水真实地决堤了。但那一刻我终于领悟：我的自我价值不会因此改变。我依然是那个值得被爱和尊重的洛蕾尔·汤普森·佩顿。因为世间所有珍贵的事物，其价值都源于存在本身，而非一串冰冷的数字。"

佩顿进而剖析道，完美主义最终将她推向了倦怠的深渊。多年来，她总是力求做到最好，不断追求晋升，在职场上过度付出、超负荷工作，这一切都成了生命不可承受之重。她曾笃信，只要工作出色、从不缺席、完成任务，终究会发自内心地觉得自己值得这一切。然而，真正的自我价值是一场内在的觉醒之旅，它从不因绩效考核表上的完美评分而增减分毫。

第二章　自动驾驶式过度工作：自动进入拼命工作状态

▍被规训的卓越：过度追求与加倍付出的困境

直面"我要努力工作"与"我配得上休息"的认知冲突，可能会彻底重塑你的人生视角。我大半生都坚信，"勤奋"是人格特质和核心价值，更是成功密钥。如今我开始反思并质疑这种观念：成功必须与艰辛挂钩吗？唯有历经磨难才能证明工作的价值吗？难道任务就不能轻松达成吗？我难道不配享有休憩时光吗？

生长于20世纪60年代~90年代美国普通家庭的子女，几乎都听过父母这样的训诫："在这世上，你要付出双倍汗水，才能换得他人一半收获。"

对于工人阶层、移民群体和有色人种而言，这句话更演变为一种美国式工作伦理的缩影，它根植于这样的认知：成功如履薄冰、脆弱不堪，需倾注洪荒之力方能固守。

但强迫自己始终保持200%的投入是不可持续的，长此以往终会陷入当下普遍存在的职业倦怠。"我们被刻意培养成了过度追求成就的人，"安珀·卡布拉尔这样评价那些高成就者群体，尤其是身居要职、必须突破系统性障碍才能取得成功的黑人女性，"我们深谙如何以领导者的姿态强势推进工作并完成任务。现在，我们需要重塑'能力有限即是软弱'的固有认知。"

当社会规训我们去过度追求成就，当普通成绩已不足挂齿，当你要付出双倍努力才能勉强达标时，过度工作的温床已然搭成。你已形成一种工作惯性，这种"自动驾驶"式的工作状态会形成肌肉记忆，然后逐渐演变为默认的工作模式，最终让你在无意识间滑向过度工作的深渊。

对于过度追求成就的人而言，"勤奋是通往成功的唯一法宝"的观念如同真理般代代相传。"加倍努力"作为世代相传的金玉良言，早已被奉为至理。

然而究其本质，这不过是沿袭已久的陈规，实非真理。

恩师猝逝，强忍悲痛，如约赴诊

几个月前，我接到一位转介客户，我们姑且称她为珍妮弗，她是从我先前一位来访者的朋友那里得知我的名字的。由于转介关系较为间接，最终是珍妮弗的主管（正是那位推荐我的来访者的朋友）再三提醒，才促成了这次诊疗预约。几番邮件往来后，我们约定在某个工作日上午11点钟通过Zoom（一款多人手机云视频会议软件）视频进行远程心理治疗。

治疗当天，我准时打开视频诊疗系统。镜头那端的珍妮弗独自坐在空荡荡的会议室里，一身得体的黑色职业套装，神情略显凝重。为活跃气氛，我开了个轻松的玩笑。当我问

第二章　自动驾驶式过度工作：自动进入拼命工作状态

起她的近况时,她犹豫片刻,终于道出了实情:就在几小时前,她的人生导师骤然离世,她和她的朋友都沉浸在震惊与悲痛中。就在她试图集中精力参与诊疗时,手机不断传来消息提示音,都是友人发来的慰问信息,大家都在努力消化这个突如其来的噩耗。

我专注地观察着珍妮弗的面部表情。尽管她衣着整齐,保持着专业姿态,但我能清晰地感受到这位导师对她意义非凡。"前天晚上我还去医院探望过她。"她竭力控制自己的伤痛。

这时,我轻声询问珍妮弗是否需要改期咨询。她婉言谢绝:"既然已经预约了这个时段,我想专注完成这次咨询。"然而此起彼伏的消息提示音始终在视频会议室里回荡。

"听我说,这次咨询并不紧急,你完全可以改期。"我对珍妮弗说,"不如把这 30 分钟还给你,让你回到朋友身边,和大家一起面对这个伤痛?"

她起初仍坚持继续,解释说预约这次咨询实属不易。但大约 10 秒钟后,我注意到她深深吸了一口气,紧绷的肩膀渐渐放松,仿佛某个无形的开关被按下,那副职业化的机械外壳终于卸下,真实的情感开始流淌。她紧绷的面容渐渐柔和起来。

"我想接受你的好意,"她终于松懈下来,"谢谢你的体谅。"

珍妮弗的故事看似平凡，却生动展现了"自动驾驶式过度工作"的典型状态。当这种机械思维深植内心时，我们就会陷入"工作承诺高于一切"的偏执。

她宁愿强撑着与陌生人完成30分钟的心理咨询，也不愿被视作不可靠或反复无常。即便此刻她最真实的人性需求，本应是暂停工作数小时，来处理这场刻骨铭心的人生变故。

遗憾的是，在为本书进行访谈时，我不断听到这样的哀叹：在遭遇重大人生变故时，人们常常无暇停下脚步好好哀悼，最终被累积的创伤逼至崩溃边缘，才不得不改变原有的工作方式。这个沉重的话题，我们将在第五章深入探讨。

当工作、劳动和生产力成为衡量自我价值的标尺

临床心理学家艾迪娅·古登（Adia Gooden）博士专门帮助高成就专业人士摆脱她所称的"条件依存型自我价值感"，即人们认为自己会在实现某些外部成就或拥有某些东西后才具有价值。她发现，这种自我价值感正驱使越来越多的女性将自身价值与工作质量画等号，用工作量来评判自己，或只在投入工作时才能感受到自身的存在价值。

这种较低的自我价值感会导致过度工作，而过度工作又会引发职业倦怠。值得注意的是，这种恶性循环往往从人们

很年轻的时候就开始了。

"那些过度工作的人，往往是学生时代成绩全优的完美主义学霸，他们因拼命努力而备受赞扬和肯定，"古登说道，"我们从小就可能被社会潜移默化地培养出这种倾向。"

谈到个体过度工作的倾向时，古登表示，偏见与歧视在其中扮演着重要角色。当我们将职场中的偏见与歧视内化时，就会强化条件依存型自我价值感，继而通过过度工作来证明自身价值，最终导致职业倦怠。

"人们常会产生这样的想法：如果我表现得比别人优秀，更拼命工作，就能补偿自我价值感的缺失，或抵消身份带来的偏见，"古登博士解释道，"这些因素的叠加，最终将我们推向过度工作的深渊。"

冒名顶替综合征：我的成功是侥幸

"冒名顶替综合征"于1978年由心理学家克兰斯博士（Dr. Clance）和艾姆斯博士（Dr.Imes）首次提出。这是一种心理模式，成功人士会持续怀疑自己的技能、天赋或成就，即便已有充分证据表明他们的成功实至名归，他们依然长期深陷"终将被揭穿是冒牌货"的内心恐惧之中。

换言之，当高成就者将成功归因于外部因素，却将失败归咎于自身时，就陷入了这种心理困境。这已超出面对新挑战时的正常焦虑，表现为持续的应激状态和"我不配"的强烈不安。

值得注意的是，冒名顶替综合征不分对象。无论性别、种族，是否富有，都可能受其困扰。这种现象在高成就群体中尤为普遍。

著名演员汤姆·汉克斯（Tom Hanks）曾在访谈中描述这种感受："无论我获得多少成就，总会在某个时刻突然陷入自我质疑：'我怎么配站在这里？他们何时会识破我这个冒牌货的真面目，然后收回我拥有的一切？'"

奥斯卡影后露皮塔·尼永奥（Lupita Nyong'o）也坦言："每接一个新角色，我都会经历严重的冒名顶替综合征。赢得奥斯卡奖反而可能加剧了这种感受——'巅峰之后，我还能往哪里走？'"

这种心理困境的吊诡之处在于：它往往在你最擅长、本应最享受的领域引发焦虑。即使过往成绩斐然，你仍会陷入自我怀疑，并伴随拖延症、过度思考、过度工作等问题，在职场上难以客观评估和展现自身能力。

冒名顶替综合征有时可能难以被察觉或被理解。尽管这种心理问题的危害性极强，却往往会产生积极的结果，甚至某些影响实际上相当令人受用。你可能因此被称为"好相处的同事""谦逊的团队成员"，或是工作效率"远超常人"的典范。许多受此困扰的职场人士反而能做出近乎零失误的出色业绩。这些所谓的"冒牌货"的努力,最终转化为团队的高效产出和企业的可观利润。

不过,冒名顶替综合征的代价不容小觑。

如果无法在自己的成就中获得真正的归属感,我们就会付出沉重代价:它蚕食着我们的心理健康与幸福感,夺走我们在最擅长领域本应体会到的从容自信;它以完美主义的压力摧残我们的身体,胃溃疡、头痛、精力枯竭等症状接踵而至。这种心理困境会让我们在经济上付出代价——既因不敢争取应得机会而错失潜在收益,又因无法充分展现自身价值而低估了既有成就。

加倍努力工作往往能让人赢得称赞、荣誉和外在的成功,但由冒名顶替综合征引起的这种过度警觉会增加过度工作的倾向,并增加职业倦怠的风险,具体表现为,在原本轻松的任务和决策上过度消耗时间、精力与脑力。这种恶性循环最终将导致身心俱疲、情感疏离,产生消极厌世等状态。

天赋盲区:卓越成就者为何难逃"轻松悖论"的职场困局

在我的教练工作中,冒名顶替综合征最典型的体现是,那些无法"在自己的成就中找到归属感"的客户往往不愿主动展示自我,争取晋升或主动竞逐新机遇。即便只是在帮他们重新撰写个人简介或重构领英档案的职业叙事这样基础的环节,他们往往会对那些彰显成就的描述表现出明显的抗拒。

从逻辑上说，这种现象完全合理。绝大多数卓越成就者往往深陷"天赋盲区"：他们与自己的杰出才能朝夕相处，反而看不清别人眼中自己的闪光点。他们与生俱来的天赋得来轻松，便也容易被自己忽视、贬低或轻描淡写。这种"天赋越强，认知越盲"的现象，正是我所说的"轻松悖论"。

但请试想，这种心态将给你的职业生涯带来怎样的累积性损耗。若你持续在内心贬低自己的成就，便很难在职场中公开争取与才华相匹配的晋升机会与薪酬。最终，你不得不透支身体，却只换来低于市场价值的回报。更甚者，对于那些仅为证明自我价值而工作的人来说，这无异于亲手为自己埋下职业倦怠的隐患。

冒名顶替综合征看似是个人瑕疵，实则暗藏系统性根源

但究竟是什么催生了这种心理困境？当你在某些方面显得"与众不同"时，比如你是会议室里唯一的女性，或你是英语母语者群体中的一名非母语者，这种异质感便会悄然出现。

职场偏见与"煤气灯"式精神操控的双重作用会显著加剧冒名顶替综合征，令人忧虑的是，这类职场心理虐待现象正在增加。当你持续超额完成既定指标，却在绩效评估中被告知"仅达预期"时，这种认知落差会明显加重你的"冒名顶替综合征"心理症状。

机械思维模式则为冒名顶替综合征提供了温床。许多职场人用无限升级的智能机器的标准苛求自己，却忘了人类本是血肉之躯。

《哈佛商业评论》(Harvard Business Review, 2021年2月刊)指出："克服冒名顶替综合征的关键不在于改变个人，而在于营造包容多元领导风格的环境，使不同种族、民族及性别的身份认同都能获得与现行模式同等的专业认可。"

绝大多数职场精英在职业生涯中都会经历冒名顶替综合征，这是一种极为普遍的现象，绝非个人能力的瑕疵。你需要明白的是，成功克服一次冒名顶替感并不意味着终身免疫。只要你仍在向上攀登，这种感受就可能反复出现。职业晋升的每个新台阶都可能重新触发这种感受，尤其是在你面临更高期望时，冒名顶替综合征往往就在你身旁。这正是为什么每当你接手新项目、获得晋升或站上更大舞台施展才华时，自我怀疑总会卷土重来。

▍关于"能量转场"的新思路

启动项目与维持项目所需的能量类型截然不同。维持项目阶段通常无须像启动项目时期那般呕心沥血。如果你是一个习惯了自动进入拼命工作状态的高成就者，这种轻松感可能会让你感到陌生。但请明白，在你付出努力之后，从某个时刻起，工作会变得游刃有余。关键要明白，这份从容是你应得的奖赏，不必通过自我拆台来重新体验艰难。

现在，你可以转而将时间、精力和心血投入其他对你真正重要的事情上。你可以把当初用来实现这个梦想的那股劲头，转而倾注到其他值得深耕的领域。

当然，你也可以选择停下脚步，好好休憩。

核心洞见

- "加倍努力"这一代代相传的忠告，与机械思维模式结合，造成了当代职场人"自动驾驶式过度工作"的常态。
- 对高成就者而言，"勤奋是通往成功的唯一法宝"的观念被当作真理代代相传，但这不过是沿袭已久的陈规。
- "轻松悖论"的深层悲剧在于：我们最卓越的天赋往往埋藏在那些不费吹灰之力就能做好的事情里。正因这些天赋才能与我们朝夕相处，无论是对内审视自我，还是对外展现于世人面前，我们都会不自觉地轻视、贬低甚至否定这些与生俱来的能力。

- 世界卫生组织对职业倦怠的定义忽视了个体生活的动态性。实际上，职业倦怠存在多种类型，本文所列成因仅为冰山一角。
- "自动驾驶式过度工作"指的是在经历健康问题、人生危机、丧亲之痛、创伤事件或其他重大人生变故后，仍强迫自己持续工作，无视基本人性需求的行为。

The Rest Revolution

03

第三章

**要事后置：
搁置该置顶的事务**

机械思维让我们陷入失调的另一种表现是惯于"要事后置"。具体表现为，我们总是习惯性地将那些真正滋养生命的事（比如兴趣爱好、激情追求和人际关系等身心需求）搁置一旁，转而为工作或他人需求让路。其反义词"要事置顶"，则强调将更多精力投入能激发内驱力、提升能量值的事务。

"要事后置"的六种典型思维陷阱如下所示。

1. 让我重焕生机的活动、召唤心灵的挚爱，我实在无暇顾及！
2. 让我焕发活力的人际往来？抱歉，我实在分身乏术！
3. 工作若能为生计买单，大可不必苛求成就感！
4. 真我太昂贵，我消费不起！
5. 我连自己是谁、想要什么、奋斗的动力来自哪里都搞不清楚，而现实根本不给我停下来反思的机会！
6. 我哪儿顾得上自己啊？活儿干不完，还得伺候别人！

机械思维与内卷文化互为表里，它以一种隐蔽的方式诱导我们主动放弃那些真正能带来能量与快乐的事物：兴趣爱好、人际关系、自然联结、有意义的工作、真实自我以及独特个性。

快乐是可以产生能量的，我们却主动切断了这个能量源泉。

让我重焕生机的活动、召唤心灵的挚爱，我实在无暇顾及！

2023年年底，我经历了一段极易崩溃的时期。当时，丈夫的膝盖手术原预计术后几周可恢复，但事实上，他数月都行动不便：无法开车，需挂拐行走，甚至几分钟的站立都成了奢望。于是，家中所有的体力活都落在我肩上：接送孩子参加全州乐团选拔赛，每日往返幼儿园接送，在自家三层楼跑上跑下。

紧接着，我两岁的女儿感染了呼吸道合胞病毒，高烧至102 °F（约38.9℃）。她生病期间，我总在深夜惊醒，为她量体温、强喂退烧药，希望她能快点儿退烧。清晨又要给她做雾化治疗，缓解她那小小肺叶的负担。她在家里待了近10天，没有去幼儿园，我的工作也越积越多。

谢天谢地，她终于好转了。

然而，就在她病情好转之际，与我相伴11年的爱猫却突然离世。那是个周日的下午，我正开车送高三的儿子去学校参加话剧演出。途中他突然告诉我："我觉得猫咪快不行了。"结果没隔几日，猫咪永远离开了我们。

当兽医提着藤篮带走它尚存体温的小身体时，我的手指在紫色绒毯边缘颤抖良久，终究没勇气掀开一角看它最后一眼。它临终前数小时，尚能用响亮的叫声回应我的爱抚与呢喃，我们泪眼相对。但当死亡降临，我却连最后看看它的勇气都溃散殆尽。最终，只是隔着毯子轻抚它，目送兽医把它带走。

次日清晨，我推着婴儿车穿过熟悉的街巷，送女儿去社区幼儿园。她的肺部感染终于好转，生活似乎重回正轨，可这一切都残忍得令人窒息。

那是个美得让人心碎的清晨，秋叶在阳光下闪烁，微风轻拂，昨夜雨水洗净的空气清冽透亮。

我沿街而行，目之所及皆是按部就班过着日常的人们，而我却要若无其事地背负着这个沉重季节的所有疲惫与哀恸，这感觉如此不公。

我牵着女儿的手迈上台阶，走进学校的大楼。我的脸色一定糟透了，因为女儿的老师问我出了什么事。我刚说出"我的猫咪死了"这几个字，喉头便涌上一阵哽咽，整个人不受控制地跌进老师怀中。她轻轻环抱住我，任我在她肩头啜泣了片刻。转身离开前，我小心避开女儿投来的视线，向

第三章 要事后置：搁置该置顶的事务

老师致歉后匆匆走下台阶。

接下来的几天里，猝不及防的泪意总会突然袭来。每当话题触及宠物，我都如履薄冰，生怕一个不慎又哭得狼狈。眼泪流得太多，鼻子堵塞到闻不到任何气味，舌头也尝不出味道，就连我最期待的晨间咖啡也索然无味。我思忖着自己还要被悲伤击垮多久，几周？几天？还是直到再无人愿意包容我的失态？

在倦怠的深渊之上，这份悲痛却意外撬开了我内心某处紧闭的闸门。为了逃离这铺天盖地的情绪，我仓皇抓起笔，让文字成为救赎的浮木。

我需要一个情感的宣泄口，需要一个能让我暂时抽离悲伤的支点。于是，我开始着手安排商业专栏和书籍出版的采访事宜。记得刚接手这个商业专栏时，我曾在笔记本上列过一份想采访的有趣人士名单。比如"和这位对话一定很有趣"，或是"想必他对职业倦怠有些独到见解"，但这些灵光一现的采访构想，最终都只停留在潦草的笔记里。

这份名单里，有熟识的老友，有素昧平生却令我景仰的行家，也有多年未曾联系的旧日同僚。这一次，我决定主动发出邀约。

"先把采访安排上，"我对自己说，"文章自然瓜熟蒂落，总得先备好素材。"

就这样，我开始了采写之旅：预约访谈，促膝长谈，探讨这个我正在亲身经历又潜心研究的命题。

我格外专注地聆听每个受访者的倦怠故事时，却也在自身情绪沼泽中挣扎。我既渴望在共鸣中获得慰藉，又暗自期待能从中找到应对的锦囊。

获得商业专栏邀约继而签约出书是多大的荣耀！我决意好好品味这份来之不易的收获。多年来，我始终憧憬着能以更公开的方式写作，如今终于得偿所愿，自然要尽情享受这个创作过程。

我暗自立誓，绝不让写作沦为待办清单上又一个令人焦虑的条目。毕竟，成为一名真正的写作者是我一生的追求，这种转变是我长久以来梦寐以求的。

果然，奇妙的事情开始发生。当我每周投入更多时间做这件"多年来总觉得无暇顾及"的事情时，我的状态越来越好。我有时甚至觉得，能进行这些充满洞见的对话，结识志同道合之人，将所思所感付诸文字，宛若偷得浮生半日闲。

更神奇的是，随着心境转佳、精力充沛，我对其他工作的思路也愈发清晰。那些积压已久的任务，竟开始一件件迎刃而解。

我简直难以置信：解决方法竟能如此简单？允许自己去做那些曾认为不切实际或没有收益的事，最终发现它们能以其他方式创造实际价值和潜在机遇，甚至带来新的能量！

让我焕发活力的人际往来？
抱歉，我实在分身乏术！

这已成为困扰许多成功人士的普遍心结。当工作成为首要任务，人际关系往往被排到末位。我们都见过这样的老套情节：拼命工作的商业精英疏于经营家庭，退休后才惊觉周围尽是陌生人。这不仅是电影里反复出现的桥段，现实中也层出不穷。

我接触过的许多职场精英，无论是企业高管还是创业者，都因过度工作而牺牲了最重要的人际关系。他们错过了见证孩子成长的珍贵时刻，推迟了陪伴年迈父母的时光，甚至抛弃了曾经带来最多欢乐的亲密友谊。

不久前，我曾指导一位新获晋升的高管。她正在适应新职位的各项要求，却发现自己疲于奔命，待办清单上的事项似乎永远处理不完。她觉得不堪重负，却永远落后一截。然而，她最无暇顾及的是个人生活领域：友情早已疏于维系，父母远居他州，她又因工作实在分身乏术，总以"抽不出时间"为由，迟迟未能探望。

在指导过程中，我帮助她认清了一个现实：基于职位的性质，她的工作量很可能永远都不会减轻。与其期待工作量减少，不如主动规划时间，决定该优先维系哪些重要关系。我们重新规划了她的年度日程，包括每两个月探望母亲一次。七个月后,当母亲病逝时,她无比感激自己在过去几个月里刻意抽出的那些探亲时光。她庆幸自己当初质疑并打破了"抽不出时间维系最重要的亲情"的观念。

▎工作若能为生计买单,大可不必苛求成就感

多年来,我总是这样讲述我的故事:生下第一个孩子后,我被报社裁员了,随即我开启了传播与营销咨询事业。惨遭解雇后,我仔细盘点了自己的长处,把所有能变现的技能都列了出来,还整理了一份潜在客户名单,然后逐个拨打电话寻求合作。

短短三个月,我的月收入就翻了三倍,而且能在家办公。2008年,能在家办公简直就是一件了不起的事情,不像现在这么普通。因为是远程工作,我能有更多时间和刚出生的孩子待在一起。

长久以来,我视此为创业的开始。但15年后的这场职业倦怠,让我意识到,这其实是我搁置梦想的故事。没错,我在经济大萧条时期白手起家,找到了养家糊口的方法。这份工作让我在职场上露了脸,也让我在20多岁快结束、30多岁刚开始那几年有了一点儿小成就,那会儿我正发愁不知道自己以后能干些什么呢。

但它也让我偏离了初心。我只想着用我的本事去干那些

第三章　要事后置：搁置该置顶的事务

能赚钱的活儿，却再也不给自己机会去做更有创意的写作了。由于未能给能点燃我激情的事物留出空间，我在无形中剥夺了自己最需要的能量源泉，这本该成为我走出倦怠困境的强大助力。

当我深陷失去爱宠的悲痛、照料术后丈夫和看护重病幼儿的多重压力时，我已苦苦挣扎数月，试图重掌生活。我多么渴望能摆脱这种在母亲角色与事业追求之间疲于奔命、捉襟见肘的窘境。而唯一能给我带来解脱与心灵慰藉的，就是重启那个被搁置的创作梦想，任笔墨在纸间恣意流淌。

疲惫与倦怠确实源于我们的过度付出。当我们承担太多，身心便会不堪重负、日渐衰竭。但疲惫与倦怠同样滋生于我们的未竟之事，就是那些我们始终不敢纵容自己去实现的渴望。

那些被搁置的梦想，终会啃噬你的灵魂。

"多做事反而能减轻疲劳感"这种说法似乎有违常理。但对我而言，多做那些正确的事（就是那些从儿时就向往的、能滋养灵魂又充满生命力的事），确实产生了这样的奇效。

▎真我太昂贵，我消费不起！

我们"搁置自己"的一种方式，就是认定自己无法做真实的自己。在职场中隐藏真我或进行"形象切换"的行为，令人精疲力竭。比如，通过改变语言习惯、行为方式、语音语调或外在形象来让自己显得更讨喜、更易被接纳。对神经多样性群体而言，这可能表现为"社交面具"。内向者也常常被迫戴上外向的面具，只为让自己在职场中显得更"合群"。长此以往，这种能量消耗终将导致职业倦怠。

瑞芭·皮普尔斯（Reba Peoples）博士是经过认证的精神科医师，同时也是情绪健康领域的权威专家。她指出，疫情期间普及的远程办公模式，对于职场中的弱势群体而言是一种福音，他们终于不必再为展现真实自我而惶恐不安。

皮普尔斯博士解释道："远程办公卸下了我们长期背负的情绪劳动重担，即那种需要倾听、共情并为他人情绪体验留出空间的工作。"她进一步指出，习惯切换人格面具的职场人必须字斟句酌，以免被贴上孤僻、难相处或脾气暴躁的标签。"这让人心力交瘁，完全是在透支自我，更会严重损害人的情绪健康。"

虚假人格会直接加剧职业倦怠，因为这种伪装永无止境。皮普尔斯表示："我认为很多人从未获得真正喘息的空间。你在职场耗尽情绪能量后，回家还要处理家务。人生竟没有一刻能允许你单纯地'做自己'。"她认为疫情带来的特殊契机，让更多人获得了自我观照的空间，人们得以重新思考生而为人的意义，以及如何过上有价值、有意义、有目标的生活，而非将自我价值绑定在劳动产出上。

第三章　要事后置：搁置该置顶的事务

皮普尔斯描述的这场"全民深呼吸"，恰与经济领域著名的"全民辞职潮"相互映照。2021 年年初，当人们完成这场心灵吐纳后，许多工人选择自愿辞职，要么是为了休息，要么是为了寻找更能平衡工作与生活、更具灵活性、待遇更优渥的职位。

我连自己是谁、想要什么、奋斗的动力来自哪里都搞不清楚，而现实根本不给我停下来反思的机会！

2017 年，安柏·卡布拉尔遭遇公司裁员。她当时一边四处应聘新工作，一边寄居在教父家中，在过渡期里摸索着自己的人生方向。和许多求职者一样，她只是机械地投着简历，凡是觉得自己能拿下的工作都去申请，只求尽快让生活重回正轨。

当教父随口问了她一个问题时，她才猛然意识到自己的求职策略完全错了。他提醒她：她现在吃住不愁，积蓄也足够应付日常开支。所以，她根本没必要随便找份工作将就。

"你真正想要什么？"教父问道。

在那一刻，她突然意识到自己其实并不确定。而这种认知的混沌，正驱使她做出错误的决定。

"当被问及'真正想要什么'时，我才惊觉自己追逐的不过是社会灌输的期待，即一份高薪的工作和一个能让我大展拳脚的地方，"卡布拉尔回忆道，"但所谓'大展拳脚'，其实是由许多细微因素构成的。我拥有怎样的关系？我的身体健康吗？我住在自己喜欢的社区吗？我能吃到什么样的食物？这些同样是'大展拳脚'的重要细节。"

卡布拉尔开始思考超越工作和薪水的真正渴望。她首先厘清了自己"不想要什么"。"我体会过做一份并非真心想要的工作是什么感受，也经历过住在不喜欢的城市是什么滋味。我曾置身于颇具影响力的环境，却感觉与自己的内心所求格格不入。正因深知自己'不想要什么'，我才能以此为指引，去探寻'我真正想要什么'这个问题的答案。"

那时，她参与了一项为期三个月的个人品牌锻造计划。每周的课程都像一场灵魂拷问：剥离组织赋予的头衔，我的核心价值是什么？该如何向世界传递自己最本真的模样？这门课程，加上教父那个发人深省的问题，帮助她重新认识了自己。她意识到，在程式化的求职面试中那个紧绷的自己，与谈论个人品牌愿景时那个眼中有光的自己，分明判若两人。

卡布拉尔坦言，她不再只关注薪资待遇，而是开始深入思考自己究竟想要怎样的生活状态，并以此为指引。她承认，当人们有过明确的负面体验时，往往更容易先确定"不想要"的生活感受。但归根结底，正是这些"不想要"的感受，最终会带领我们找到真正向往的生活状态。

这段深刻的自我探究，对卡布拉尔而言不仅是个人的觉醒，更成为她筛选未来工作的战略指南。

这种通过不断自我提问获得的清醒认知，至今仍在持续为她带来丰厚的回报。她坦言，正是通过持续不断的自我对话，她才能从多次职业倦怠中恢复过来。"这个方法我沿用至今，"她说道，"我时常问自己：你究竟想要怎样的生活状态？"

我哪儿顾得上自己啊？
活儿干不完，还得伺候别人！

将他人的利益置于自己之上，牺牲个人需求去帮助别人，或是为了他人而将自己的需求置后，这些都不会让你的需求自动化解。

即便你有充分的理由，比如孩子需要你，患病的父母需要你，领导要求你加班，这些都不能成为你永远忽视自己的借口。

你的需求会不断呼唤你。你的使命会持续召唤你。无论在个人生活或职场中遭遇什么，这份召唤都会持续叩响你的心门，直到你回应为止。

若你一直拒绝回应这些需求会怎样？当你对内心的声音充耳不闻时会发生什么？烦躁、愤怒、怨恨、注意力涣散、抑郁、悲伤、焦虑和不堪重负，这些都是你正在亏待自己和忽视要事的警示信号。

核心洞见

- 过度工作、机械思维、职业倦怠或内卷正悄然诱使我们放弃那些真正赋予我们能量的东西：快乐、爱好、人际关系、大自然、有意义的工作、真实感以及个性。
- 快乐是可以产生能量的，我们却主动切断了这个能量源泉。现在开始，请把重要的事放在首位。
  - 抽出时间去参加那些让你重获生机的活动，腾出空间去重拾那些召唤心灵的挚爱。即使每次只能投入片刻，也要将它们安排进你的日程里。
  - 优先经营那些为你注入能量与欢愉的关系，多与为你充电、为你托底的人相处，因为他们是你抵御倦怠的最佳屏障。
  - 在能力所及的范围内，请更温柔地拥抱那个真实的自己；在时机允许之时，要勇敢地活出本真的模样，无论是职场拼搏，还是生活漫步，都要拥抱真我。
  - 花时间好好想想：你是谁？你想要什么？你奋斗的动力来自哪里？你渴望什么？你理想的生活是什么模样的？
  - 将自我关怀列入优先级清单，在工作和个人福祉间找到平衡。照顾好自己与完成工作同等重要，甚至前者更为重要。

The Rest Revolution

04

第四章

**那些被我们
屡屡忽视的冬歇季**

奎安娜·史密斯（Quiana Smith）在疫情期间经历了最严重的职业倦怠，至今仍在恢复之中。

这场崩溃源于双重压力：一方面，她刚加入一家国际咨询公司担任新职；另一方面，急于证明自我价值的焦虑让她陷入过度工作的恶性循环。她坦言，整个职业生涯中她都习惯于过度透支和过度承诺，但疫情让经年累月透支的身心彻底崩溃。

史密斯感到无比沮丧，她受够了必须伪装自己才能获得认可的感觉。"接手这个职位时，我实际上是在独挑大梁。这个岗位的工作至少需要三个人来完成，而我一个人承担了所有任务，这本身就够呛了，更何况还是在疫情期间。再加上我负责的是政府事务板块，当时美国各级政府都在焦头烂额地应对突发状况，想方设法为民众调配资源。于是各种任务和需求像雪片般向我们飞来。"

"我不断逼迫自己去回应各种任务和需求，压力是层层叠加的。首先，我刚入职，需要证明自己的价值；其次，我们正遭遇全球危机，而我所在的行业恰恰是破局的关键，这让我也被推到了风口浪尖。于是,我给自己不断增加压力,突破常规极限去完成任务,几乎参加了每一场与我们提供的服务和解决方案相关的会议。"

史密斯回忆说,那段时间她每天早上 8 点钟左右起床,一直工作到晚上 9 点钟,有时连吃饭、喝水或锻炼都顾不上。"要知道我以前可是每周健身四次的重度撸铁爱好者。如今身体彻底垮了:营养不良、运动全无、出现贫血症状,整个人完全是一副被掏空的状态。"

她坦言,这种近乎透支的工作节奏虽然让她在短短两年内就获得了打破行业纪录的晋升,但这份成就的代价太过沉重,以至于升职的时刻都显得毫无意义。

"我确实心怀感激,但根本不觉得值得庆祝。想到那些被迫做出的妥协、主动忍受的煎熬,以及对自己身体的摧残……我发誓绝不会重蹈覆辙,事实上,我也确实没有再犯。"

反复跳过冬歇季

机械思维导致身心失调的一个典型表现就是反复跳过冬歇季的行为模式。这种模式指的是即便在完成常规工作量之后,人们仍然拒绝进行必要的阶段性休整和恢复。如果说自动驾驶式过度工作是指在遭遇悲痛或个人危机时仍忽视人性需求，那么反复跳过冬歇季则是指人们在完成阶段性工作后，即便没有突发状况，也执意放弃身体所需的规律性休养。

反复跳过冬歇季的典型思维模式表现为以下四种核心信念。

1. 即使状态不佳，我也必须时刻在线。我不敢松开油门，否则就会被别人超车；我不能消失，唯恐被人遗忘。
2. 科技近在指尖，却逼我上演"高效人生"的荒诞剧。
3. 显性成就如同盛放的花朵，永远比默默耕耘的隐性付出更受重视。在这样一个崇尚"能见度"的时代，我承担不起"隐形"的代价。
4. 我无须特意留出时间来反思自己、规划目标和制订未来计划。

冬季或许不够光鲜亮丽，但它是一个不可或缺的蓄力期。寒冬里的默默耕耘，看似寂静无声，却为其他季节的绽放奠定基础。

那些显而易见的成就，比如职场晋升、粉丝追捧、社会认可和家人赞许总能获得各方青睐。那些可见的成果如同进度条，清晰地展示着我们的前进轨迹，不断收获外界的认可与掌声。

第四章　那些被我们屡屡忽视的冬歇季

▌即使状态不佳，我也必须时刻在线

2021 年，我的人生遭遇重创。

2020 年年末，我经历了一场复杂的剖宫产手术。当医生打开我的腹腔时，发现由于前次妊娠形成的严重瘢痕组织，我的多个器官壁已相互粘连。原本常规的手术瞬间变成了高风险操作。长达数小时的手术后，医生告诉我，我的子宫已经伤痕累累，强烈建议我以后不要再生育了。

在恢复病房里，我消化着这个消息，而我的笔记本电脑始终开着。我成了那种会在病床上发工作邮件的人，只因我无法忍受"不干活白吃饭"的念头。带着新生儿回家后，我直接放弃了产假，迅速复工。

作为企业主，我本可以自主安排休假。但我却选择忽视产后疼痛，继续为客户服务。

当时，我正迎来创业以来最繁忙的时节：既要服务我的高管客户群，指导个人品牌学院的学员小组，还要负责两家企业客户的员工培训。而这一切，都是在努力与新生女儿建立亲子联结的同时完成的。

若在平日，这些工作对我而言本不算什么。但那种"既把新生命带到人间，又表现得像煮杯咖啡般轻松"的超人姿态，终究是荒谬的。

我经历了前所未有的职业倦怠。现在回想起来，颇值得回味。毕竟，经过多年自我训练，我早已习惯超额工作，能在任何时刻再榨取出几分力气。

直到那一年，我终于到达极限，撞上了自己的能力天花板。

讽刺的是，恰恰在那段时期，我收获了职业生涯中最具深度的教练心得与洞察。我开发了全新的信息传达与故事叙述框架，对几年前研发的"心田轮耕法"（Purposescaping）高管教练方式也有了更深刻的理解。

当所有小组课程在 6 月结束后，我开启了迫切需要的（尽管可能太短暂的）休整期。秋季回归时，我计划再开新班，却始终提不起劲。往常开设新班的黄金窗口开了又关，我总告诉自己"下个月吧"，但每个"下个月"都显得为时过早。

多年来反复跳过冬歇季（休整期）的习惯，终于在此刻反噬了我。

科技近在指尖，却逼我上演"高效人生"的荒诞剧

当个人电脑和工作邮件让沟通变得便捷时，"持续在线"很快成了默认要求；当智能手机让即时回复毫不费力时，

第四章　那些被我们屡屡忽视的冬歇季

"响应速度"便成了评判表现的标准；当社交媒体为普通人搭建起24小时展示的舞台后，为维持存在感而过度工作的冲动愈发强烈。这些自我压榨的行为模式，也像肌肉记忆般变得根深蒂固。

尽管如今"24小时滚动新闻模式"已成常态，但信息如此触手可及不过是近20年的事。当信息与通信已然24小时无休，若你还想脱颖而出、步步高升，"永远在线"就成了不二法门。

记得早年，推特⊖曾为我的业务引流时，我预先写好推文，通过RSS⊖订阅源定时发送，只为制造"连睡梦中都有内容自动输出"的假象。现在回头看，这根本就是走火入魔！而且当时我执意营造"永远在线"的人设，更可悲的是，我还将这套方法传授他人。初入职场时，我急切地想要闯出名堂，却不自觉地掉进了"自动驾驶式过度工作"的陷阱，主动给自己套上了根本无人要求的枷锁。

我恐惧松开事业油门的那一刻。"人走茶凉"的阴影笼罩着我，仿佛只要稍作停歇，就会被时代彻底遗忘。

⊖ 现更名为"X"。
⊖ RSS即"简易信息聚合"技术，能自动抓取整合网站发布的全部内容。——译者注

我承担不起"隐形"的代价

显性成就如同盛放的花朵,永远比默默耕耘的隐性付出更受重视。我们都在努力避免成为"隐形人"。

疫情中搬入新家的近两年里,我守着半空的屋子,等待家具送达。在这个尚未完成的空间里,我感到一种难以言喻的局促。毕竟,要想吸引追随者,"成功人士"的人设必须精心维护。

然而,当女儿出生后,我的体重一直波动,镜头对准我浮肿的脸和双下巴时,羞耻感扼杀了我的分享欲,社交媒体上的更新渐渐停滞。

直到儿子发现我连续几天没有更新动态,问我发生了什么。中断"每日打卡"让我自责不已,但我实在挤不出力气"表演"。有些坚持必须放弃。

在这个需要把日常生活包装成完美照片,向世界宣告"我很好,简直不能更好"的时代,我连维持基本思考的精力都没有,更别提花 20 分钟摆拍、修图,再配上引人深思和富有洞见的文字说明了。我渴望分享,为平凡的日子留下印记,但灵魂深处,那股支撑"表演"的动力早已枯竭。

我原本想分享什么呢?是把哭闹的女儿送去幼儿园的第一天,我因精疲力竭而没有回头看她,也没有丝毫愧疚感,还是母乳喂养后体重迅速反弹体现在我的腰腹和大腿上,又或者是我正灰头土脸地处理地下室发霉的异味,却毫无进展?

我感觉自己像个失败者,一个骗子!那个曾经在社交媒体上高喊着"勇敢展现真我"的人,此刻正偷偷从聚光灯下溜走,从后门仓皇逃离。

直到听到编剧兼演员米凯拉·科尔(Michaela Coel)在艾美奖获奖感言中说:"如今,曝光度似乎总与成功画等号。但别害怕消失。离开镁光灯,离开人群,哪怕只是短暂的抽离。看看寂静中会孕育怎样的馈赠。"

这番话狠狠击中了我。此后 48 小时内,这句话被转发数百次,越来越多人共鸣于她的主张:退出社交媒体的喧嚣,转向内心寻求安宁。

我突然渴望独处,在现实里,在网络上,在所有地方。我只想不被任何人需要,哪怕就这一次。这些年,我不停地奔波、思考、筹谋,为孩子准备私立学校申请,安排春假行程,策划疫情下的游戏消遣,同时还要满足客户的每一个突发奇想。

当挫败感逐渐消散,一种奇特的、近乎自由的感觉浮上心头。说实话,我早已厌倦了这种对存在感的病态追逐,那是一种既卑微又令人窒息的渴求。深思熟虑后我发现用试图"钻系统空子"来吸引更多追随者显得如此可笑,毕竟我根本不知要将他们引向何方。

自 2022 年淡出社交媒体以来，我至今仍未完全回归。我偶尔发帖，但不再恪守严苛的更新计划，因为我随时可能改变主意。

我们总是难以摆脱那种如鲠在喉的焦虑，仿佛必须时刻将油门踩到底。至少对我这个行业而言，社交媒体早就像长在脚底的油门踏板，经年累月不曾松开。"机遇稍纵即逝，你需趁热打铁"的焦虑感如影随形。当我们跨过 40 岁的门槛，虽自觉正值当打之年，却也心知肚明：人生最灿烂的篇章已悄然翻过几页。于是，我们带着岁月沉淀的智慧，开始精打细算地榨取每一分优势：学历带来的优势、精心经营的人脉、高薪城市的机遇、尚未远去的青春、发型完美的高光时刻、咖啡因给予的 15 分钟灵感。在命运的铁砧冷却之前，必须完成最后一记重锤。

我的母亲常说"要趁阳光正好时晒干草"，也就是尽早行事，仿佛一切随时会被夺走。生怕年过半百时，蓦然回首，懊悔当初没趁年轻多挣钱、多结交人脉、多自我推销刷存在感。因为生活从不宽容，你总觉得不能松开油门，不敢减速是你怕被遗忘、被甩出赛道。

想起从前，我总强迫自己（其实就是自作自受）每天必须在网上输出一些想法，不管当时是否真有感悟。而如今，我终于坦然承认：我现在没什么想法。

第四章 那些被我们屡屡忽视的冬歇季

我不敢松开油门，否则就会被别人超车

我的一位客户是一家非营利组织的执行董事，她已经好几年没有休过假了。每到周末，她都会把工作带回家处理，常常工作到深夜。她一个人承担着四五个人的工作量，比如凭借专业背景制订战略、开展调研、发布报告、策划活动、募集资金。尽管名义上享有充足的带薪假期，但她作为机构领导者，对每个项目细节都了如指掌，觉得自己有责任查漏补缺，以维持组织的高水准运作，因此她很少休假。这种高强度的工作状态持续了数年。

尽管她在机构内部并无被取代之虞，但行业知名度让她的成败都被置于更广阔的聚光灯下。职位固然稳固，但过度工作并没有带来实质性的晋升。然而，她始终不敢松开"油门"，那种对失败的虚幻恐惧如影随形，驱使她一季又一季连轴转。直到健康亮起红灯，她才被迫停下脚步。

我不能消失，唯恐被人遗忘

斯泰西·弗格森（Stacey Ferguson）决定改善病态工作关系。这一决定在她的个人生活中引发了连锁反应，最终像层层涟漪一样扩散开来。弗格森经营"博荟社"（Blogalicious）已近十年，这是一个多元文化意见领袖的

线上社群,每年都以一场标志性峰会作为年度盛事。2017年,她开始察觉到变化。那时她既要亲自以网红身份创作内容,又要管理一个由少数族裔内容创作者组成的社群,同时还要主办自己品牌的年度大会。然而这一年,她蓦然发现,这个由赞助商支持的商业项目和线上创作者网络,已经很难再取得往年那样的收益了。

"预算不断缩水,分蛋糕的人却越来越多,维持原有营收越来越难,"她坦言,"合作多年的赞助商要求越来越高,掏钱却越来越吝啬了。"

祸不单行,一场子宫切除手术让她猝不及防,手术中的并发症使得她的住院时间远远超出预期。

"按照往年惯例,峰会前夕我们本应在多个城市举办快闪活动,既为峰会预热造势,又能促进门票销售。那次原定四场的活动,我却因住院全部缺席。"她回忆道。

于是,她四处托人情,请朋友代为出席活动。虽然勉强赶上了会议,但事后她意识到必须做出改变。"当时我打算暂停工作,重新思考:'这个新时代的网红营销该何去何从?什么样的商业模式才合理可行?'"

正当她陷入沉思时,一位朋友主动联系她,推荐了一个她可能感兴趣的咨询机会。身心俱疲且仍在恢复期的弗格森觉得这个邀约来得正是时候。她本打算暂时退出"博荟社"来调整生活节奏,重新规划事业,但朝九晚五的工作状态却意外地令她感到舒适。

她曾为多家初创企业主管市场营销与品牌传播,后来出任一家致力于清理犯罪记录的公益组织副总裁。"这一干就是六年,"她说,"我再没回过企业界。"

新的生活节奏让她的神经系统得到了改善,但适应过程并不轻松。"我感觉自己花了很长时间才摆脱那种思维定式。一旦习惯了拼命三郎式的生活节奏,那就会变成一种常态。"

以前,她总是处于高度紧绷的状态,这种状态令她不堪重负。无论是活动现场演讲还是会后应酬,她说自己永远无法预知机遇会从哪个方向降临,因此强迫自己时刻在线。

"就算在欢乐时光聚会,你潜意识里也觉得这是拓展人脉的机会。与'我只是来放松玩乐'的心态截然不同,这完全是另一种看待生活的方式。"

结束一天繁忙的工作后,她总是匆忙赶回家准备晚餐、参加家长会,再送孩子们去参加体育活动。待这"第二轮班"结束后,她又会打开笔记本电脑,参加电话会议、起草方案,甚至靠在床上撰写社交媒体内容,直到困意袭来、沉沉睡去,这样的生活曾是她习以为常的常态。

从前,她每晚只能睡四五个小时。但自从坚持朝九晚五的作息后,她的睡眠时间变长了。如今她每晚都能享受八小时安眠,而这只是她转为全职工作后众多改变中的一个缩影。

她说自己变得更快乐、更平和，也有了更多的时间陪伴朋友。过去，她最亲密的朋友们从未涉足她的网络世界，也无法理解她作为网红博主的真实生活。但现在，她终于有时间好好经营这些珍贵的情谊了。"现在我们每天都会通电话，一天要聊上好几次，"她笑着说，"这种感觉很温馨，真的特别温馨。"

最近三年，她开始制作"愿景板"，上面不再只有工作目标，还包含了健康管理、旅行计划、想读或想写的书等生活元素。"那些从前永远挤不出时间去探索的事，如今成了我日常的一部分，"她说道，"现在的我，感觉人生终于完整了。"

工作节奏放缓后，她重获了安眠的时间、煲电话粥的闲暇，以及全然活在当下的自由。这一改变如同推倒了多米诺骨牌，腾出的心灵空间让她终于能直面生活困境，继而引发个人生活的一系列关键蜕变。

当弗格森逐渐从工作中抽身，某些人际关系开始焕发生机；但同时，增加的思考时间和空间也让她更清晰地识别出那些不再契合的羁绊。在携手 19 年后，她与丈夫最终选择结束了婚姻。

"当你主动退出那个让你疲于奔命的循环，就不得不更多地直面自己的内心，"她沉思道，"那些曾被搁置在人生后台的问题,如今都被推到了聚光灯下,只因你终于腾出了审视的空间。"

弗格森的故事揭示了某种普遍焦虑:害怕从职业舞台上消失的压力。她执掌"博荟社"近十年,运营着多元文化意见领袖网络,既因亲手打造的事业版图而自豪,又恐惧一旦停歇就会被世人遗忘。最终,当她决定后退一步重新审视人生时,反而在朝九晚五的工作中寻得了更为理想的工作与生活平衡状态。

不休主义的思维陷阱

说来惭愧,我曾暗自鄙夷那些不愿"跳过冬歇季"的人,那些不愿像我一样将自己的健康献祭给过度工作的人。在我看来,无法持续保持"第五档"高速运转的人,或是因为育儿责任、照顾父母、个人界限、睡眠需求等正当理由而承认自身局限的人,都不够敬业。

但过去几年改变了我。虽然偶尔仍是"拼命三娘",但我已认清自己不过是血肉之躯。这种认知转变并非自愿,或许是学校停课,或许是新冠疫情带来的恐慌,又或许是痛失所爱。也许这是岁月带来的成长,我开始对自己和他人展现出前所未有的宽容。我没有其他选择。

放在过去,我定会强迫自己围绕各种项目制订完整方案，或是对一篇文章不满意就想着必须写本书！如果你对此感同身受，请明白这并非软弱或"不够优秀"的表现。你只是在尊重那些始终存在的健康界限与能力局限，无论你是否意识到它们的存在。这正是生而为人的常态。

这场疫情不仅改变了我的处事方式，更重塑了我的价值观。事情不必如此艰难，顺其自然同样可贵。选择阻力最小的道路，量力而行而非苛求完美，丝毫不会减损我的光芒。

别被那些谎言蛊惑，仿佛非要惊天动地才算有所贡献。做你力所能及的事就好。

如果现在的你能做到的事与三年前不同，那只是因为（再正常不过的）能力变化，这没有什么可羞愧的。

与自然同频的四季人生

人类已经养成了反复跳过冬歇季的习惯，这使得精疲力竭成为必然。若想重拾作为生命体的活力，我们必须从最根本的地方——自然与自然世界寻找答案。要打破"人类应当像机器般运转"这种不健康的观念，我们首先必须接受一个根本事实——尽管人类是复杂的存在，但我们终究只是万千物种中的一种。如同植物，人类也有萌芽的季节、生长的季节、绽放的季节，以及凋零的季节。为便于理解，我们暂且将这些阶段对应为四季轮转。在第八章，我们将深入探讨这套生命周期的季节范式。

万物皆需休憩

我们已经陷入一种机械思维，漠视自身的生理需求与人性本质，惯性地忽视休息的必要。若不停止这种对基本需求的忽视，我们将永远在摇摆中重蹈精疲力竭的覆辙。所谓"自动驾驶式过度工作"，是指强撑应对人类共有的生命历程；"反复跳过冬歇季"意味着不顾人类对休憩的根本需求，无休止地追逐成就与结果的光环。

为什么停不下"反复跳过冬歇季"的模式

当你习惯像对待机器般驱策自己，休憩就成为难事，罪恶感会悄然滋生。休憩需要持续练习，它要求你不断打破常规。你可能会反复挣扎，重陷旧习窠臼，但请用新的思维方式去挑战和取代旧的习惯。

核心洞见

- 冬季或许不够光鲜亮丽，但它是一个不可或缺的蓄力期。

- 那些显而易见的成就,比如职场晋升、粉丝追捧、社会认可和家人赞许总能获得各方青睐。那些可见的成果如同进度条,清晰地展示着我们的前进轨迹,不断收获着外界的认可与掌声。
- 寒冬里的默默耕耘,看似寂静无声,实则是为其他季节的成长奠定基础。
- 一年四季都开花?哪有这样的好事!
- "跳过冬歇季"指长期劳作后拒绝阶段性休整。究其原因,或囿于机械思维,或迫于社会压力,或忧心被人遗忘,又或因于碌碌无为的负罪感。
- 因追逐社交媒体存在感而生的"刷存在"行为,会让人不断透支自己的休整期。
- 侵蚀休整期的何止社交媒体?电子邮件等所有让工作如影随形的在线沟通工具,都在窃取我们的"冬天"。

The Rest Revolution

05

第五章

**崩溃边缘：
当倦怠达到临界点**

在我开始为本书展开研究时，经过一次又一次的访谈，我发现每个受访者都陷入了一种相似的模式。在最终陷入倦怠之前，他们都经历了以下问题：处于机械思维模式，处于自动驾驶式过度工作状态，将重要事务不断搁置，以及反复跳过冬歇季。这些行为让他们长期处于失调状态，直至最终抵达"倦怠临界点"。

所谓"倦怠临界点"，指的是一个关键的人生转折事件，它会突然打断过度工作的循环，迫使人们脱离自动驾驶模式，意识到原有习惯的不可持续性。对某些人而言，这个临界点成为他们的终极觉醒时刻，推动他们重塑思维、调整身心，寻找无须透支的前行之道。但对那些深陷机械思维模式的人，这种觉醒往往只是昙花一现。他们可能会考虑短暂地调整节奏，但最终仍会重蹈覆辙，再度回到自动驾驶式过度工作的恶性循环中。

职业倦怠临界点通常会在以下某个事件后突然降临：

- 健康危机。
- 痛失至亲之人。
- 职业生涯的顿悟时刻，可能是遭遇裁员、错失升迁机会或职业发展机会枯竭。

健康危机

伊玛尼·塞缪尔斯（Imani Samuels）是一位拥有市场营销与传播的专业背景的专业人士，长期在广告行业担任品牌方市场要职。2019年，她在参与一个大型科技项目时，因过度加班而陷入了严重的职业倦怠。此前十年，她一直为某大型非营利组织工作，后来加入了一个专注于科技的新团队，她认为那项工作具有革命性意义。

"这需要大量的变革管理，我必须边做边学，"塞缪尔斯告诉我，"由于项目截止日期紧迫，我不得不耗费大量时间解决问题。每天很早就得起床赶工，见缝插针地送女儿们穿越大半个城市上学，然后到办公室工作，回家后继续加班，匆匆做顿简餐，接着投入工作。"

她和她的团队努力在项目截止日前完成工作，这样的日程持续了整整18个月。工作日晚间、周末和清晨连轴转的日子，仿佛永无止境。她表示："这是一个社会使命项目，初衷是美好的。我最初对工作充满热忱，但渐渐地，它开始侵蚀我的身心，我患上了焦虑症。"

那个夏天，在送孩子们去父母家暂住前，她突然发现大女儿的皮肤上布满斑点。这些斑点其实已悄然生长数月，而塞缪尔斯竟从未察觉。作为母亲的羞愧感迫使她立即联系皮肤科医生，医生告诉她：若再延误治疗，她女儿很可能发展为皮肤癌。

"这个信息彻底颠覆了我的生活方式。"塞缪尔斯郑重说道。

痛失至亲之人

安德烈·布莱克曼（André Blackman）于2017年创立了医航人才咨询公司（Onboard Health），这是一家专注于为医疗行业输送多元化高管的猎头咨询公司，旨在推动医疗公平的未来。疫情期间，公司服务需求激增，特别是在乔治·弗洛伊德（George Floyd）遭美国警察暴力执法致死事件之后。但在疫情期间经营医疗初创公司，最终让他付出了沉重的代价。当倦怠症状初现时，颇具讽刺的是，将他推向崩溃边缘的竟是业务增长而非衰退。

"我既要搭建公司架构，又要应对服务需求的爆炸式增长，"这位新兴行业的管理者说，"作为医疗改革议题的焦点人物，我不得不在组建团队和管理企业的同时，持续就

第五章 崩溃边缘：当倦怠达到临界点

美国医疗政策发声。这种全方位的卓越表现带来的压力令人窒息。"

2021年年底，当工作压力达到顶峰时，布莱克曼遭遇了人生重创。他最好的朋友不幸确诊新冠突破性感染，最终病情恶化入院治疗。朋友躺在病床上给布莱克曼发信息，希望能谈谈。布莱克曼当时正在外地参加会议，收到消息就匆忙回复了。

布莱克曼说："我当时只想赶快找个安静的地方，能听清他的声音，坐下来好好看看他。"他匆忙回复朋友信息，说20分钟后一定回电。可当他按时拨通过去时，电话那头却只有忙音。"不过3分钟光景，"布莱克曼回忆道，"他妻子突然来电，听筒里传来撕心裂肺的哭喊：'他就这么没了'。"

这段突如其来的丧友之痛，让布莱克曼陷入更深的悲痛之中，也彻底坠入"重度倦怠"的境地。

当创业生活的压力将他逼至绝境时，布莱克曼坦言，这让他想起了曾经深耕的数字媒体行业。他的职业黄金期恰逢社交媒体颠覆传播领域之际，公关从业者被要求像内容永动机般持续输出内容，并且必须时刻在线待命。那些熟悉的焦虑症状再次袭来，与早年的职业生涯中所经历的如出一辙。尽管他心知这种节奏难以为继，却仍咬牙硬撑。

然而，命运再次给予沉重一击：又一位挚友因长途飞行后出现罕见血栓并发症而猝然离世。至此，布莱克曼终于无力继续强撑，到达了倦怠临界点。

与安德烈·布莱克曼的经历相似，安珀·卡布拉尔也经营着一家高端定位咨询公司。随着业务需求的激增，她不得不将团队规模从 5 人扩充至 10 人。为了应对增长，她经常每天工作 12～14 小时，并且为了配合全球客户，不得不在非常规时段加班。

卡布拉尔早已处于职业倦怠的边缘。2021 年夏天，她的教母突发心脏病猝然离世，这让她决定暂停工作。葬礼过后，她预订了前往安圭拉的航班，计划用一周时间哀悼逝者并自我调整。然而，假期才开始没几天，她就惊觉自己错过了一个重要新客户的方案投标截止日期。

"我从不掉链子，这事儿不该发生在我身上，"卡布拉尔说，"我不会错过机会。但我实在是太累了，到了安圭拉之后，我放下了一切。"

在度假期间，她本想草草拼凑方案，但最终决定直面现实。"我刚开始动手拟提案，身体就发出抗议：'我们在休假呢'。"她突然想起自己不久前才立下的公司价值观，"健康、休憩、幸福感，这才是我们真正该追求的东西。"

于是，她给客户发了邮件，说明了自己的特殊情况，表示无法按时交付，然后继续度假。

"我需要休息，"卡布拉尔说，"那时的我，正被悲伤淹没。"

职业生涯的顿悟时刻

奥德莉亚·克莱恩-托马斯（Aundrea Cline-Thomas）在地方新闻界深耕20年，曾获艾美奖并采访过多位名人。辗转十余个小公司后，她终于登上了纽约市新闻台主播席——这一地方新闻界的巅峰职位。

她自诩为"新闻编辑部里能力超群、备受倚重的核心人物"，但在纽约打拼近四年后，她开始感到窒息："我身兼数职，却未在薪酬、职级等方面获得应有的认可。"

于是，她按职场指南的建议，主动与公司沟通其他发展机会。公司确实提供了新岗位，但这份工作与她当时的职业追求背道而驰。

"我的潜力远超出岗位能提供的舞台，我的热情也远非现有机会所能承载。"克莱恩-托马斯坦言，"我向来追求卓越，充满雄心壮志。"即便面对新的工作邀约，她仍清晰地意识到自己已到达倦怠临界点，最终，她选择了离开。

在一个无法施展抱负的领域里，保持高度进取心、创新精神和前瞻思维变得异常复杂。由于受合约限制，她不能兼职或从事其他更能实现自我价值的工作。

"这种处境让人感到处处掣肘、心力交瘁，"她叹道，"最终只能像老话说的那样，闭眼跃下悬崖去搏个新天地。我很清楚自己不想再换一家媒体重操旧业，那已经是我第五次跳槽了。"

她明白,即使转到另一家新闻台,同样的问题仍会如影随形。"这个行业有些本质性的东西永远不会改变,"她坦言,"但那不是我想要的生活,我渴望一些不同的东西。"

核心洞见

- 当某件事将你压垮时,你就知道这件事不可持续。这种崩溃或许正是你该停下脚步进行休整的信号。
- 我们对机械思维的执着,往往使我们只有在面临危机或人性觉醒的时刻,才会意识到需要改变。
- 疫情、战争、至亲离世、健康危机或突如其来的照护责任,这些重大事件往往能让我们看清生命的本质。
- 总要有那么一个瞬间,像卡住的唱片一样,突然打断我们的自动驾驶式过度工作状态。机械思维根深蒂固,仅靠自我觉察难以挣脱,往往需要一个突破点,才能让我们回归人性本真。

The Rest Revolution

06

第六章

觉醒和转变：
思维重塑、身心调频、要务置顶

许多人在经历了自动驾驶式过度工作，将重要事务搁置一旁，反复跳过冬歇季（休整季），最终到了身心崩溃的临界点。此时他们会幡然醒悟，开始纠正那些导致身心枯竭的失调状态。他们通过思维重塑、身心调频和要务置顶等方法实现转变。这些方法都指向同一个觉醒过程：意识到是机械思维在操控自己的畸形野心。思维重塑需要莫大的勇气，意味着你要彻底终止那些将自己推向崩溃边缘的过度工作和自我背叛行为。

但当你习惯了像机器般对待自己时，改变行为模式绝非易事。选择休息而非过度工作，往往需要克服强大的惯性。即使下定决心改变习惯，挣脱旧思维模式的束缚，多做一些滋养生命的事，许多人仍需预留一个缓冲期，才能逐渐适应更健康的新习惯。这绝非一时受挫就能痛下决心、说改就改的事情。

正如过度工作是一种习得性习惯，身心调频也需要建立新的肌肉记忆。这不是一次简单的思维转变，而是一场思维与心灵的系统性双重变革。我们需要用一生的时间去练习，

第六章 觉醒和转变：思维重塑、身心调频、要务置顶

挣脱那种自动驾驶式过度工作的枷锁，重获本真。

思维重塑需要反复练习和系统方法。多数人要改变的是数十年的思维定式，因此这一过程需要花一些时间，需要保持足够的耐心。反复与波折在所难免。

此外，由于你的过度工作倾向往往让周围人受益，他们可能不会支持你的改变。因此，你要做好准备捍卫自己的新界限，坚持自己的新选择。

思维重塑、身心调频、要务置顶，这些都是你在多年以机械思维对待成就与工作后，开启重获人性的旅程的方法。

▌ 工作≠价值，请给自己松绑

麦蕾克·蒂莱（Myleik Teele）曾通过拼命工作打造出一家价值数百万美元的企业。她创立的美妆品牌"卷悦美盒"（Curlbox）在巅峰时期，每月为数千名的爱美人士递送美妆产品，而这光鲜背后，是她长年累月的超负荷运转。但2023年，蒂莱到了职业倦怠的临界点，她毅然决定关闭公司，转身离去。

"拼命工作救了我的命，"蒂莱坦言，"所以，当我现在选择放缓脚步时，我从不否定那个曾经全力以赴的自己。正是那段奋不顾身的岁月，才换来今日这份从容休憩的底气。对此我毫无悔意。"

我最初是在一档热门播客里了解蒂莱的。在节目中,她总是以我从未拥有却始终渴望的那种知心大姐姐般的口吻,倾囊相授职场智慧。蒂莱的每期节目都让我深有共鸣,因为她和我一样,从不畏惧艰苦奋斗。她的故事证明了,即使命运似乎总在与你作对(就像我常常感受到的那样),但只要坚持不懈,终能扭转乾坤。

然而,到了某个时刻,她开始怀疑这一切究竟会导向怎样的结局。"回想创业初期,我们确实可以通过拼命工作来偿还债务、走出困境,很多人也都做到了。但现在大家开始迷茫:我们这么疲于奔命,究竟图什么?"

在年复一年刻意跳过冬歇季后,蒂莱发现自己怀上了二胎,此时她比任何时候都清楚自己想要什么、不想要什么。她本想招聘更多员工以便自己可以腾出时间专注育儿,但越是投入人事招聘和管理,她对事业的幻灭感就越深。

"我知道自己必须重新评估当时的状况。那时的我完全偏离了自己的才能领域,"她坦言,"日常工作变得异常艰难,与理想状态相去甚远。我不断自问该如何调整:仓库还要继续租吗?业务规模该压缩到多大?团队要精简多少人?怎样才能两头兼顾,既当好妈妈,又不辜负创业者的身份?"

"那段日子令人精疲力竭。回首往事,我都不明白当时在坚持什么,"连续处理 100 多期订阅订单的机械生活让她恍然惊觉,"我从来不曾休息过。"

第六章　觉醒和转变：思维重塑、身心调频、要务置顶

就在蒂莱以为自己已经到达崩溃边缘时，她仍在试图找到某种折中的方案来减轻重负。她物色创意总监接管产品拍摄，面试运营主管分担日常管理。然而，这并不是彻底解决的方法。"我知道我的租约快到期了。我打算撑到今年年底。但母亲的离世让我顿悟：是时候画上句号了，因为那份热爱早就不复存在。"

母亲去世后，蒂莱开始重新审视人生，最终决定彻底改变。她关闭了公司，曾经疯狂的工作节奏就此戛然而止。

重审野心：雄心壮志的价值重构

第四章中提到的"博荟社"创始人斯泰西·弗格森，是一位科班出身的律师，一直以来都充满雄心壮志。正是对施展创造力的渴望，让她走上了网络创业之路。但自2016年退出网络创业圈后，她坦言仍会怀念昔日作为网红的精彩刺激，但脱离网络世界的喧嚣，也需要一段时间来适应。

昔日的粉丝们频频劝她复出。每当新兴平台出现时，总有人提醒她莫错失良机。但渐渐地，她对这种疲于奔命的生活失去了兴趣。

"淡出的前三年，我好像患上了错失恐惧症（Fear of Missing Out，简称FOMO），"她回忆道，"比如，倘若当初我坚持写博客，继续网红营销，坚守博荟社，会怎样

呢？或者，看看 Instagram 上那些风光无限的后起之秀！但直到有一天，我突然发现这些念头再也激不起我心中的波澜。"

摆脱了创业者连轴转的工作节奏后，弗格森开始重新审视自己拼命奋斗的意义。

"这一切究竟是为了什么？我真正渴望的是什么？"她不断自问，"是成为社交媒体上的焦点人物吗？还是更渴望享受工作本身，下午五点钟准时下班，和那些因工作疏远的好友把酒言欢？又或是在孩子长大成人的重要时刻陪伴左右？"这些问题在她的人生天平上变得越来越重要。

这个身心调频的过程让她对自己的职业身份产生了怀疑。她必须重新思考："在褪去辛苦打造的知名网红光环后，自己究竟是谁？博荟社曾是我多年来的身份象征，没有了博荟社的价值标签，自己究竟是谁？"她坦言道。

最终，在自由与成就的天平上，她选择了让心灵呼吸的空间，而非永无止境的职业攀爬。"当你站在人生的十字路口，"她总结道，"永远应选择让你心灵舒展的那条路。"

休憩调频，重启身心

奎安娜·史密斯（Quiana Smith）通过情绪调频的方式来获得休息。她开始和工作划清界限，拒绝不必要的会议邀请，重新评估自己的参会价值。比如，她开始审视每一个会议邀约："这个场合真的需要我出席吗？"此外，在获得晋升前，由于缺乏直属团队支持，她主动搭建跨部门协作网络，将专业事务分派给最合适的人选。

"曾经我以为只要做出最出色的工作就能获得晋升，但事实远非如此。你需要建立人脉，必须理解公司的政治生态。"她坦言。

"另外我有重要发现，懂得授权才是成为领导者的关键，若我事必躬亲，恰恰暴露了自己不能以领导者应有的姿态示人。"

当职场人决心打破过度工作的恶性循环，开启思维重塑和身心调频之旅时，他们往往会从日常小事着手，一点一滴地为自己争取休息时间。

为了让休息成为生活中不可或缺的一部分，史密斯开始认真对待她的晨间仪式。每天清晨，她先进行简短的励志故事阅读，再通过冥想让自己沉淀下来。整个过程仅需20分钟，却成为她不可或缺的心灵锚点。"只要错过这段晨光，我一整天都会失焦，"她说，"所以，哪怕耽搁了，我也要在午休或睡前补上这份心灵充电。"

皮普尔斯医生独创了一套"能量图谱分析法"，将日常工作分为"耗能型"与"充能型"两类。过去她总是以接诊开启新的一天，后来发现，把临床问诊安排在下午，整个上午都能用来休养生息。

"面对既定的诊疗预约,我总能完美履行职业义务,"皮普尔斯医生说,"却总是习惯性地辜负与自己许下的约定。"如今,她以滋养身心的活动开启每一天,比如练习气功、阅读写作、推进自己热爱的个人项目。这些晨间仪式让她获得了真正的休息。

思维重塑、身心调频、要务置顶

安珀·卡布拉尔在教母去世后,陷入了职业倦怠与突如其来的丧亲之痛的双重困境,濒临崩溃。她不得不做出改变,以重获生活的支撑与内心的欢愉。

她思考了自己渴望的生活状态,并实施了一系列变革。聘请私人助理来处理家务琐事,在筹备搬家时坚持只考虑带西向窗户的公寓,只因她钟爱落日余晖的美景。

她厌倦了将自己珍视之事无限搁置,开始学会为生命中重要的人留出专属时光。她两度专程飞赴拉斯维加斯,只为现场体验亚瑟小子的演唱会。她也开始重新邀请朋友来家里做客,让家中再次充满欢聚的温暖。

卡布拉尔决心投资"滋养生命韧性的事物",对休息、人际交往和旅行有了全新的态度。"这些是生活的一部分,"她说,"从此,我不会再把生活冷落在灶台角落。"

第六章 觉醒和转变：思维重塑、身心调频、要务置顶

▍尊重自己的需求

感恩节后的周五，伦妮丝·威廉姆斯（Lenise Williams）慵懒地躺在沙发上看书，而她正在路易斯安那州立大学读大一的儿子则在一旁追网剧。尽管这是假日的第二天，威廉姆斯却感到一种挥之不去的不安。

"总觉得哪里不对劲，"威廉姆斯说，"明明是在休息，没碰电脑，可我却总觉得自己应该坐在电脑前，好像还有别的事该做。"

威廉姆斯是手工皮具店 Made 的店主，该店主要通过线上销售产品，而"黑色星期五"通常是她的店铺最繁忙的日子之一。

但今年，威廉姆斯却提不起劲来筹备促销活动。她回忆说："黑色星期五的准备工作很烦琐，包括提前备货、核对库存、设计传单、准备邮件，之后还要处理海量订单发货。光是想到这些，我就已经打心底里抗拒。"

她在马拉喀什的工匠团队也默契地达成了共识。两个月前，那场 6.8 级的强震让这座以皮革工艺闻名的摩洛哥古城满目疮痍，而这里正是为 Made 提供优质皮料的工匠们生活工作的地方。

威廉姆斯坦言："那场地震之后，我想大家都有同感，真的太耗神了。当我们准备大干一场时，所有人都不约而同

地表示实在干不动了！"

于是，威廉姆斯没有像往常那样筹备促销、紧盯网站，而是停下来喘了口气。她破例没有登录工作账号，而是趁着这个长假好好陪伴从大学回家的儿子，享受天伦之乐。

"我想他了，"威廉姆斯谈起儿子时说道，"我想听他讲述校园生活，看看他成长了多少。而不是对他说，'妈妈得去处理订单了'。我只想安静地享受当下的相聚。"

当她公布取消黑色星期五促销的决定时，同行们的反应截然不同。有人表示理解支持，但更多的是质疑和反对的声音。"他们都觉得我疯了，"威廉姆斯回忆说，"有位同行更是直言，'这简直是自毁商誉'。"

请记住，当你进行身心调频时，并非所有人都会支持你的改变，尤其是当这些改变直接导致他们工作量增加或收入减少的时候。你要做好准备，坚定守护自己的新选择。

阿迪娅·古登（Adia Gooden）博士指出，放弃大型促销活动或许会造成经济损失，但对经营者的心理健康而言却意义重大。"市面上大多数商业建议都在给创业者洗脑，让他们觉得必须不断拼命赚更多钱，"古登解释道，"这种建议往往忽视了持续工作和销售带来的精神情感消耗。"

古登博士常常这样开导女性："你本来就很美好。"她认为，任何商业建议都应该结合个人的心理、情感和生理需求来考量。

那么，伦妮丝·威廉姆斯需要什么呢？休息！

于是，她下厨烹饪、享用美食，多年来第一次度过完全离线的感恩节周末。当儿子看网剧时，她则沉浸在久违的小说阅读的乐趣中。那个周末，她一口气读完了两本书。

更重要的是，在这段母子相处的时光里，她能够全身心地陪伴儿子。如果她忙着处理电商促销，这种专注的陪伴根本无法实现。

探索新方法

本书的创作历程意外地成了我最好的修行。它不仅让我直面自己过度工作的习惯，还迫使我探索新的策略和方法，在保持工作成果的同时避免过度消耗自己。

在写作瓶颈期，我曾陷入挫败感中。那个"旧我"依然充满自我苛责，它不断驱使我强撑下去，将自己禁锢在书桌前，投入更多精力，直到答案浮现为止。

但这次，内心有一个温柔的声音不断提醒我：拿起电话向朋友倾诉烦恼吧。我选择给自己一份奢侈的慰藉，与其困在过度工作的孤岛，不如拥抱温暖的联结。于是，我拨通了电话。

一小时的通话结束后，五个崭新的视角在我脑中绽放，而最初困扰我的那个难题，答案也悄然浮现。

这个顿悟时刻对我意义深远，而这样的时刻在整个写作过程中屡见不鲜。

我们确实可以改变工作方式。总会有更好的选择：既能取得优异的工作成果，又不必把自己逼到精疲力竭的地步。

我们只需静心聆听内在的声音，关注自身的需求。若能做到这一点，我们便能建立起滋养身心、充满善意的全新日常与习惯。

核心洞见

- 这不是一次简单的思维转变，而是一场思维与心灵的系统性双重变革。我们需要用一生的时间去练习，挣脱那种自动驾驶式过度工作的枷锁，重获本真。
- 在挣脱过度工作的路上，反复和波折在所难免。毕竟你正在改变数十年的思维定式，这一过程需要花一些时间。请保持足够的耐心。
- 思维重塑需要反复练习和系统方法。
- 周围的人可能不会支持你的改变，因为你的过度工作曾让周围人受益。你要做好准备，坚持自己的新选择。
- 思维重塑是重拾人性本真的第一步，将帮助我们摆脱机械思维的束缚。

The Rest Revolution

07

第七章

**现代新瘟疫：
职业倦怠的全球蔓延史**

> **休息革命**
> 战胜过度工作的倦怠

19世纪末,一系列重大变革悄然降临,为最终夺去民间英雄约翰·亨利性命的"机械思维"铺设了舞台。这位勤劳的铁路工人在与蒸汽钻机的较量中获胜后,终因精疲力竭而倒地身亡。这些变革还催生了"自动驾驶式过度工作"等现象,为如今肆虐美国的职业倦怠"瘟疫"埋下了祸根。

美国内战(1861~1865)首先导致南北各州分裂,并夺走了62万人的生命。1865年,奴隶制被正式废除,400万非裔美国人获得了法律意义上的自由。然而,尽管许多人成为有偿劳动者,但种族隔离法、暴力和歧视仍然存在,使得新获自由的黑人难以在社会中立足。

当奴隶制被废除,南方开始战后重建时,北方城市正经历工业化与城市化的双重洗礼。制造业迅猛发展,以约翰·亨利为代表的黑人与移民劳工搭建了纵横交错的铁路网络,而林立的钢铁厂成为北方城市的经济支柱,吸引着众多求职者前来谋生。

那些为躲避本国的宗教迫害、饥荒以及政治动荡而背井离乡的移民,纷纷涌入美国,渴望在这里寻得一片发展天

第七章　现代新瘟疫：职业倦怠的全球蔓延史

地。他们带来了各自的宗教习俗、传统、音乐和美食，在塑造美国文化的过程中发挥了重要作用，他们自身也为这个快速工业化国家的新兴产业提供了源源不断的劳动力。

这些深刻变革不仅重塑了劳动形态，更影响了三位重要思想家的理论建构。他们的思想既揭示了职业倦怠"瘟疫"的历史根源，也为人类自我救赎照亮了前路。

弗雷德里克·泰勒

19世纪末，弗雷德里克·泰勒在费城米德维尔钢铁公司担任总工程师期间，敏锐地捕捉到了一个可以施展其专业所长的新机遇。早年间，作为一线工人和机械师的工作经历，使他深刻认识到工厂效率低下导致人力成本激增的问题。泰勒在米德维尔公司从机械车间工人逐步晋升为计时员、机械师、车间主管，最终成为总工程师。

当泰勒升任车间主管后，他决心提升团队的工作成效。为此，他开始深入研究工人和机器的生产效率，希望找到优化生产流程的方案。他全身心投入这项工作，开展了一系列实验，开创了"时间-动作研究法"：用秒表精确测量工人完成每个作业动作的时间，连最细微的效率差异都详细记录，只为找出最佳操作方式。泰勒致力于寻找他后来提出的"最佳操作法"，即完成每项任务的标准方法。凭借机械工

085

程师的专业素养，他敏锐地发现，随着新兴产业的崛起，各企业普遍面临着产品标准化生产的困境，包括保持产品稳定性、一致性和可预期性。这一探索最终催生了一个全新的研究领域，也就是后来广为人知的"科学管理"理论体系。

1893年，泰勒创立了管理咨询公司，专注于生产系统优化与成本控制。1898年，他在为伯利恒钢铁等企业服务的过程中积累了丰富的实践案例。到1911年，他的管理方法已在多家大型企业获得验证，并开始通过巡回演讲推广其研究成果和相关论文。

到1910年，泰勒已成为炙手可热的管理顾问，为伯利恒钢铁等企业提供工作流程分析、生产标准化和员工培训服务，帮助企业实现高效、稳定的生产运营。此时，他已稳居管理学理论先驱的地位，被后世尊为"科学管理之父"，其理论至今仍被广泛研究和应用。1911年，泰勒出版了《科学管理原理》（*The Principles of Scientific Management*）一书，系统阐述了提升工人生产效率和制造效能的最佳实践，这些理论的影响力绵延百年，至今仍在现代职场管理中发挥着重要作用。

亨利·福特

当美国临近世纪之交时，另一位工程师正在密歇根州

第七章 现代新瘟疫：职业倦怠的全球蔓延史

谱写自己的创业传奇。当时，亨利·福特（Henry Ford）供职于底特律的爱迪生照明公司，他不仅积累着工程师的实战经验，还利用业余时间研发首款机动车的发动机设计。1893年，他成功制造出了早期汽车雏形——"四轮车"，这种在自行车轮上安装发动机的装置，实质上就是无须马匹牵引的机动马车。1903年，他创立福特汽车公司，并在1910年彻底革新了蓬勃发展的汽车制造业。

在弗雷德里克·泰勒生产效率研究的基础上，亨利·福特开创性地引入了流水生产线。这项制造技术后来被众多汽车厂商广泛采用，至今仍是现代工厂的标准配置。福特汽车公司推出的T型汽车真正实现了私家车的普及，彻底改变了美国民众的出行方式。与此同时，由福特首创的生产方式也在全球范围内引发了制造业的革命性变革。

乔治·华盛顿·卡弗

当弗雷德里克·泰勒、亨利·福特等工程师和企业家致力于通过提升效率来降低成本、推动工业革命后的制造业生产力与利润增长时，一位黑人科学家在从事另一种类型的生产率研究。

1864年，正值美国南北战争接近尾声之际，乔治·华盛顿·卡弗（George Washington Carver）出生在密苏里州戴蒙德格罗夫的一个奴隶家庭。他尚在襁褓之中时，便与母亲一同被奴隶贩子绑架。尽管卡弗后来被原主人卡弗夫妇（曾奴役他们全家的白人家庭）寻回，但他的母亲却从此下落不明。

奴隶制废除后，卡弗和哥哥仍留在原主人的小农场劳作。年幼的卡弗展现出强烈的求知欲，尤其在植物学和农业方面表现出过人天赋。为了求学，他不惜每天徒步 8 英里（约 13 千米），前往密苏里州尼欧肖的学校就读。尽管天资聪颖，卡弗的求学之路却充满艰辛，当时大多数学校都拒收黑人学生。后来，卡弗进入专为黑人儿童设立的学校，并迅速展现出超群的才智，轻松掌握了全部课程内容，远远超过了其他同学。

更难得的是，卡弗从未放弃。他最终进入艾奥瓦州的辛普森学院就读，随后又转学至艾奥瓦州立大学。在内战后的美国，一位黑人能完成如此学业进阶，堪称开创先河之举。

1894 年，卡弗获得农学学士学位，成为艾奥瓦州立大学首位非裔毕业生；1896 年他取得理学硕士学位，成为美国历史上首位获得农学硕士学位的黑人学者。

到 1896 年，乔治·华盛顿·卡弗如愿以偿。他不仅获得了学位，还在艾奥瓦州立大学实验站担任助理植物学家，从事专业研究。就在他的学术生涯渐入佳境之时，一封改变命运的信函意外到来。

第七章 现代新瘟疫:职业倦怠的全球蔓延史

亚拉巴马州的塔斯基吉学院是一所面向黑人学生的职业培训学校。该学院的院长布克·T. 华盛顿(Booker T. Washington)听闻了卡弗的成就,邀请卡弗离开艾奥瓦州立大学的工作岗位,前往塔斯基吉学院任教并自主管理一个院系。然而,布克能提供的条件十分有限。

"我无法给予你金钱、职位或名誉,"布克在信中写道,"前两者你已拥有,名誉以你现有地位也必将获得。此刻,我恳请你放弃这些。作为交换,我将给予你一份事业,这是一份需要筚路蓝缕开创的事业,这是让你带领人们挣脱屈辱、贫困与荒废的泥沼,重获尊严与完整的使命。而你的院系仅存于蓝图之上,你的实验室必须先在脑海中构建。"

尽管需要接受降薪,卡弗仍毫不犹豫地接受了邀请,并立即启程南下。但抵达亚拉巴马州后,眼前的景象令他震惊:南方的农田一望无际,但土壤非常贫瘠。那些贫苦的佃农们在生存线上苦苦挣扎。

由于纺织业发展导致棉花需求激增,南方多年来一直采用单一作物(棉花)的种植模式,这种模式已耗尽了土壤中的关键养分。这些贫穷的黑人农民(其中多为艰难维持生计的佃农)发现自己的土地再也难以有像样的收成。

简而言之,这片土地正经历着严重的"倦怠期"。卡弗运用他的农业科学知识,开始教导塔斯基吉周边的南方农民如何通过轮耕等简单农法恢复地力。他传授农民:轮换耕种能为土壤补充养分（这一做法后来成为有机农业的重要组成部分）。他鼓励农民种植甘薯、大豆，以及最著名的花生等养地作物，这些作物既能补充土壤关键养分，又能加工成可消费或销售的商品。通过轮换耕种，农民终于能够重获土地的生产能力。

当我们寻求理解和解决现代社会倦怠危机时，卡弗的方法为我们提供了恢复生机的线索。就在管理学家们应对工业革命带来的职场新挑战时，卡弗正在南方农业州解决土地的"倦怠"问题。与此同时，科班出身的机械工程师泰勒和工程师出身后来成为制造巨擘的福特，都专注于通过让工人模仿机器来提高效率。这种生产力模式降低了劳动力成本，也提高了利润。

卡弗另辟蹊径，致力于以不同方式重振农业生产力。他怀着帮助同胞（那些奴隶的后裔、贫困的佃农）摆脱生存困境的信念，开创了一系列可持续的生态农法。这些恢复地力的耕作方式，最终提升了作物产量。

轮耕制成功治愈了土壤的"倦怠症"。卡弗驾驶着他那辆被称为"移动农业学堂"的杰瑟普马车，走遍南方各地。这辆兼具教室与实验室功能的马车，成为传播农业知识的载体。他沿途分发《如何让贫瘠土壤重获生机》（*How to Build Up Worn Out Soils*）等简明手册。这些手册用最朴实的语言编写，将农业知识转化为农民看得懂的实用指南。

第七章 现代新瘟疫:职业倦怠的全球蔓延史

卡弗深知必须将农业技术送到田间地头,因此,他驾驶着杰瑟普马车深入各个社区,通过举办农业讲习班和现场示范,积极开展农业推广工作。

卡弗成功说服农民改种花生、大豆和甘薯等固氮作物。他不仅帮助农民恢复了经济收益,更推动他们实现作物多样化,开辟了可持续的食物与收入新来源。

弗雷德里克·泰勒将机械工程学的原理套用于人体,试图让人像机器般精准运作。然而,卡弗开创了截然不同的路径。在我看来,卡弗的植物学背景及其对生命体的研究,使他的方法能为其他生物系统的修复提供可借鉴的智慧。

多年后,乔治·华盛顿·卡弗与亨利·福特在密歇根州举办的农业化工运动(利用农业原料生产工业产品的科学)先驱者会议上相遇。同样在农场长大的福特,当时正致力于将大豆等农作物融入汽车生产工艺,研发用于车辆制造的植物燃料、油漆等产品。20世纪30年代末,两位各自领域的杰出人物缔结了深厚的友谊,并保持了多年的书信往来。

据记载,福特常向卡弗请教科学问题,二人还合作开展了多个项目。卡弗不时会去查看福特在佐治亚州种植园的作物。有报道称,在第二次世界大战橡胶短缺期间,他甚至帮助福特研制出了一种植物基橡胶替代品。有一次,福特满心钦佩地宣称,卡弗已然接过了托马斯·爱迪生(Thomas Edison)的衣钵,荣登"当今世上最杰出的科学家"之宝座。

"心田轮耕法"理念的诞生

1961年,田纳西州萨凡纳小镇邓巴中学的七年级学生们,将家政课烘焙纸杯蛋糕义卖所得集资,邮购了一幅已故的乔治·华盛顿·卡弗教授的黑白肖像。数周后,当这幅18×32英寸㊀、气度不凡的卡弗照片送达时,担任七年级班主任的露丝·约翰逊·马隆(Ruth Johnson Malone)自豪地将它悬挂在教室中。

对于这群初中生而言,这幅镶框的卡弗肖像具有双重象征意义,它既代表着他们为筹集购画资金所付出的努力,也承载着他们对这位同族杰出教育家油然而生的自豪。

1966年,距离美国最高法院在"布朗诉托皮卡教育局案"中裁定公立学校种族隔离违宪已过去12年,邓巴中学(专门招收黑人学生的学校)送走了最后一届毕业生。学校所在的红砖建筑坐落在萨凡纳的邓巴街与哈莱姆街路口,逐渐荒废,只剩下零星几间办公室还在使用。校舍后栋被改造成县立学校的巴士停车场,还堆放着一些机械设备。最终,这座建筑被彻底拆除,原址上建起了哈丁县学校交通部。

詹姆斯·弗兰克·塞维尔(James Frank Sevier)老人在废弃校舍的街对面居住,他曾在学校运营期间在此工

㊀ 1英寸≈2.5厘米。

作。这位昔日的校车司机兼校工,多年来始终保管着能打开老校舍各间教室的钥匙串。因此,当他的女儿玛蒂(该校末届毕业班的告别演说者)索要同学们当年集资购买的卡弗肖像时,他亲手为她取回了这幅画。

玛蒂带着卡弗肖像迁居至纳什维尔继续学业,婚后她将画像永久安置在客厅立式钢琴上方的墙面。画中的卡弗教授依旧庄重而沉思,从新的高处投下探询的目光。

1991年,距离母亲和同学们集资购买那幅卡弗肖像已过去了30年。年幼的我(玛蒂的女儿)在钢琴前练习音阶时,常常抬头端详照片中那位神情肃穆又带着几分神秘的男子。和大多数学生一样,我在课堂上学到过卡弗的事迹,教科书着重强调了他开发花生的多种用途,并将此视为他最重要的贡献。我依稀记得在某篇讲述棉铃虫灾害摧毁南方作物的历史章节中读到过"轮耕法"这个词,但除此之外,我对他的了解实在寥寥。

直到2015年,我偶然有机会参观了塔斯基吉大学,它的前身正是塔斯基吉学院,这是卡弗教授毕生耕耘的学术殿堂,他在这里倾注心血直至1943年与世长辞。我带着上小学的儿子们参观了校园里的卡弗中心。置身其中时,一种奇特的熟悉感油然而生。尽管我从未踏足过这个校园,却莫名觉得似曾相识。而当我重新了解他的生平和成就时,我恍然惊觉:钢琴上方的那位卡弗,其实早在我知晓他的事迹前,就已默默陪伴着我了。

2017年,当我提出"心田轮耕法"这个概念,用以指导那些遭遇职业瓶颈、渴望找到更有意义工作的客户时,卡弗关于轮耕法与土壤修复的理念不断浮现在我的脑海中。我注意到,客户在寻找人生目标、获得成就感、重燃奋斗动力的过程中,呈现出鲜明的季节性与周期性特征。而卡弗解决方案的核心,即移除、替换与轮耕,在我的工作中一次次成为绝佳的隐喻。

我认为,"心田轮耕法"正是将乔治·华盛顿·卡弗的生态修复法应用于人类个体的实践。它是一个引导人们重新聚焦的过程,让人们专注于那些能够激发能量的活动,培育能够滋养心灵的关系,从而帮助那些被职业倦怠掏空的人重获生机。

在美国历史上出现土壤贫瘠危机的关键时刻,这种遵循有机原理、注重生态保育的方法提供了清晰的解决方案。在我看来,卡弗的工作远未完结。当我们这些被过度工作压垮、被职业倦怠摧残的现代人寻求自我修复时,他的理念依然是指引前路的蓝图。下一章,我们将深入探讨"心田轮耕法"的具体内涵。

The Rest
Revolution

08

第八章

**心田轮耕法：
取心之所向，建人生景观**

从大约 11 岁起,我便将写日记作为一种自我反省与情绪纾解的方式。父母早年婚姻不和,最终走向了离婚。在这个过程中,我学会了用文字表达自己的感受,并发现倾泻在纸页上的文字会让我感觉好受一些。我会记录每天的生活、想法和感受,思索父母面临的问题,坦诚地表达自己的痛苦,细述内心的孤独。在当时我的生活圈子里,心理治疗并不被认可,即使有人尝试,也是成年人的事情,与孩子无关。因此,除了几个愿意听我絮叨的童年玩伴(他们能提供的安慰相当有限)之外,我只能把所有的心事都写进日记里。

自省的习惯

在培养写日记和写作习惯的过程中,我自然而然地养成了自省的习惯。通过定期记录,我逐渐积累起可供回溯的人生故事,从中觉察重复出现的主题和规律。这种自我反思的能力,不仅让我能够洞悉自己的人生主题和行为模式,而且让我察觉到他人生命中的相似轨迹。

小时候，我常常观察大人和家庭，试图理解是什么让一切"正常运转"。哪些职业往往能让人在富裕的郊区购房？让我感到安全踏实的人与让我感到不安的人，行为举止有何不同？那些看起来"幸福"且适应良好的人，他们有什么共同点？他们都拥有什么？他们平时都做些什么？这些共同的主题和关键因素是什么？

这些观察技巧在我的记者工作中得到了运用，但当我成为个人品牌教练后，它们对我有了新的意义。我深知，大多数人的生命中始终贯穿着某些共同脉络，但我也意识到，很少有人像我这样养成了反思生活的习惯。

于是，我的使命变成了帮助他人看见自己的生命主题。这一切始于"天赋赋能计划"框架的第一步，这是一个通过聚焦式提问，迫使他们从活动与人际关系的角度回顾过去的过程。思考的问题包括：哪些活动给予能量，哪些消耗精力，哪些产生了价值交换。

在倾听的过程中，我逐渐领悟到：通过聆听他们的故事，我能清晰地辨识出他们的人生轨迹。当我帮助他们看清这些行为模式，理解自己的人生故事，并领悟过往经历对当下生活的启示时，他们才能真正认识最真实的自己。

停止无谓的揣测

当被问及你的热情、动力和渴望时，与其猜测，不如回顾自己的人生。有两样东西从不说谎：你的行动和你的能量状态。所以，当你考虑新方向时，请想想过去哪些选择让你充满激情，哪些让你精疲力竭。

当面临在人生岔路需要做出关键抉择时，你内心那个微弱的声音是说"我觉得不太对劲"，还是即便毫无道理也让你兴奋不已？你对过往关键时刻的生理和情绪反应，就是专属于你的人生智慧，你可以随时调用。

我们内心总有个声音在默默指引方向。我的工作越来越专注于帮助人们重新连接这个内在声音，让他们看清自己人生的真相。

"心田轮耕法"的真谛在于照亮你的生命轨迹，拂去掩盖本真之路的尘埃，让与生俱来的人生地图清晰显现。我深信，这份刻在我们内心深处的生命蓝图，早在我们出生之前就已画好。

人生如四季

"心田轮耕法"的实践框架以温带四季更迭规律为隐喻蓝本。我深知，根据所处地域不同，你可能生活在热带、沙漠、高山甚至极地气候中。暂且抛开气候变化与极端气候问题不谈，我个人始终认为大自然蕴藏着最深邃的智慧，即那些我们可以借鉴的规律，以及适用于生活与成长的艺术。你不妨将我对温带气候的借鉴视作我的双重赞颂：既致敬乔治·华盛顿·卡弗的农学研究，也献给我曾在美国东南部垦殖拓荒的两代祖辈。

"心田轮耕法"内容概览

职业倦怠源于系统性身心失调。这种失调会引发内耗，导致能量持续流失，并随着时间推移不断加剧。而"心田轮耕法"正是化解系统性身心失调的治本之道。

我们借鉴了乔治·华盛顿·卡弗的"轮耕法"的智慧，将其转化为人类发展的方法论。"心田轮耕法"通过系统调整，使人重新聚焦于能够创造能量增值的活动与关系，从而帮助倦怠个体重获生命力。简而言之，这是一场关于自我的"精神轮耕"。

"心田轮耕法"是一场面向内心深处的探索之旅，它要求我们先要挖掘自己的人生使命，追溯真实的自我本质，厘清存在的意义，确认热忱所在，并规划如何运用自己的天赋才能；而后扫清前行障碍，最终让生命目标得以真正绽放。

"心田轮耕法"和四季韵律

冬歇季是最适合反思、总结和做决策的时期。就像动物会因为冬天食物短缺而冬眠，身体通过夜间睡眠得到恢复一样，给自己一段充电休整的时间，对人生目标的重启大有裨益。我们不应将休整期简单地视为无所事事的阶段。事实上，在身心沉淀的过程中，许多关键的蜕变正在悄然发生。就像春回大地时新芽破土而出的蓬勃力量一样，适时的休整能让你以更饱满的状态重启"心田轮耕法"的循环。而深度反思，往往能带来最明智的决策。

春耕季是孕育梦想的阶段，此时你需要做出关乎未来方向的重要抉择，并悉心培育成功的沃土。在春天，你为未来几个季节选定方向，因此冬歇季的筹备工作显得尤为重要。播种需要天时、地利与专注，这些都是重大突破前必须审慎抉择的关键。那么，你该如何深思熟虑地规划方向，最大限度地确保成功呢？

夏长季是生机勃发的阶段，我们首次得以检验播种的种子是否扎根：这个方向结出硕果了吗？在此阶段，我们见证成长与加速。虽未至收获时节，但若此时停滞不前，便无缘秋收。成长不仅在于向前推进，更需悉心呵护那些初现潜能的新果。为了确保作物持续成长，必须清除哪些杂草？为了完成这个成长周期，需要获取哪些养分？当问题不可避免地出现时，我们该如何破局化解？

秋收季总在夏季生长期后如约而至，我们必须赶在天气变化前将成熟的庄稼全部归仓。对人来说，这意味着要在趋势转变、竞争加剧、经济转型导致需求下降之前，把握机遇，尽获其利。就像收庄稼时一样，要先挑出好的果实收起来，剪掉枯死的枝条，清理坏掉的果实和叶子，这样才能让明年的庄稼长得更好。

四季人生：向冬天借智慧

正如我一直强调的，机械思维让我们忽视了休养生息的重要性。然而，只要稍微探究生物界的规律，我们就会发现万物皆有"冬歇季"，这种周期性的休憩本就刻在生命的基因里。

寒冬时节，熊会进入冬眠状态，其身体会进入一种近乎假死的深度休眠状态。在此期间，它们的心跳减缓，多数生理活动几近停滞。从进化论角度看，这实际上是它们在食物匮乏季节主动退出食物链的生存策略，大自然这位终极战略家的精妙设计正在此显现。

其实，我们无须远求就能找到战略性休息的例证。尽管许多人轻视睡眠的必要性，但专家指出，在我们八小时的休息时间里，许多重要功能仍在发挥作用：身体忙着修复肌肉，调节激素，消化食物，并维持生命活动的各项隐形运作。大脑也在辛勤工作。研究显示，睡眠期间大脑会忙着创造新记忆，巩固日间获取的信息，并在新旧信息之间建立新的联结。从科学认知的角度来看，休息的益处显而易见：唯有让身体得到充分休整，才能真正"消化"一天的劳作成果。

冬季复盘：修剪的智慧

　　修枝剪叶是收获季后至关重要的环节。你的业务版图如何扩张、平台规模怎样壮大，或者你的思维见解如何精进，他人对你的看法如何增长，你可能在职业生涯中步步高升，但最终仍感到格格不入。或许某些事业分支在无心插柳之下意外蓬勃发展，而那并非你的初衷。

　　或许你过去的追求在当时确实行之有效，但现在你需要做出改变。有时你必须花时间修剪那些不再对你有益的部分，有时你得承认某些事物已无法带来欢愉，有时你必须意识到有些事需要委派他人，你才能迈向更高层次。因此，这个收获阶段的关键在于诚实地面对那些无益之事，并果断舍弃多余的部分。

　　那么，如何判断修剪的时机呢？当你给予某事充分的成长机会后，需要冷静评估：哪些部分在茁壮成长、哪些部分停滞不前、哪些部分值得保留、哪些部分必须改变。

以创业或写作为例，如果全力投入两周后仍毫无进展，你确实该考虑止损。但关键在于你是否给足了必要的培育期？无论是创业、写书还是向新领域转型，在播种与成长阶段你都需做好长期投入的准备。这个过程从来不会一蹴而就，也绝非易事。如果你选择了一个全新的赛道且缺乏行业声誉，那么前面的培育期往往比后续发展阶段更为漫长。具体来说，每个目标的孕育周期取决于其本质特性，因此，在决定"修剪"之前，请务必确认你已为其成长投入了足够的时间与心血。

▍播种季

在选择人生道路或开始打造个人品牌之前，你需要完成诸多准备工作。播种阶段的核心在于从三个维度夯实基础：淬炼思维认知、营造成长环境、培育精神内核，从而为即将展开的成长之旅做好全方位准备。

准备土壤：耕耘你的心田

在人生的每一段征程中，总会出现普遍的阻碍与挑战，威胁你的前进。当你即将开启新事物时，恐惧感会如影随形。但奇妙之处在于，恐惧是每个人都会经历的挣扎。在播种期，我的目标是帮你识别那些阻碍你追寻使命的普遍心理障碍,并展示他人如何经历相同的困境,以免你将它们内化为个人缺陷。

当认识到这些挑战是成长的必经之路时,你便能跳出自我否定,意识到问题不在你自身,你也不缺什么。当人们准备创业、通过公开演讲提升知名度或着手写书时,这种情况总会发生。这些是人人都会遇到的问题。如果你能预见这些挑战,准确认知它们并理解其本质,那么当它们真正来临时,我希望你能准备好从容应对。

追求梦想实为一场心智的较量。如果你内心缺乏必胜的信念,如果你没有足够的力量与勇气去直面恐惧和应对前路的种种挑战,那么你便已先失一局。

种子蜕变,生命破茧

种子成长为植株的过程从来都不容易。在发芽和成为植物之前,这颗原本光滑完整的种子必须经历种皮破裂,才能释放内在的生命力。这就像你开始追求人生目标时的成长阶段:你必须先破壳,然后才能成长。

所谓"破壳",是你自身的蜕变。当你最终下定决心迈出这一步时,你将经历痛苦、震撼、外壳的破裂以及本真的显现,而这个过程注定是充满不适的。

浇灌尚未破土的生机

正如嫩芽冲破种皮后仍需滋养地下呈指数级增长的生命,

当你突破自我之后，也需持续培育那些尚未显现的成长势能。

农人翻整土地、播下种子后，仍会持续浇灌那些尚未破土而出的东西，因为他们深谙：唯有坚持滋养尚未破土的生命，才能支撑土壤表层之下所有正在发生的艰辛生长。

你要懂得，从播下梦想到初见曙光的这段蛰伏期里，生命始终在暗处生长。因此，请记住，你要通过滋养自身，养护心田，置身于能够培育你一举一动、天赋才华、思想火花的沃土，来支持那些尚未显形的潜能。

这意味着，你要主动远离那些唱反调、打击你信心的人。同时，你要为自己创造最理想的成长环境。

在梦想的萌芽期，你要如同园丁浇灌幼苗般守护其脆弱的状态。因为我们都明白，即便你将种子撒向土壤，若没有适宜的土壤，缺少阳光雨露的滋养，终将难见生命的萌发。

成长

这是获得进展的第一阶段。我们首次看到自己朝着目标前行时取得的初步成效。就像播种的第一阶段，你可能在构思规划，整合想法，确定要追逐的特定梦想，并迈出最初的几步。进入成长阶段后，你的构想已然扎根，开始看见第一株嫩芽破土而出。

尝试和摸索

成长是一个尝试和摸索的过程。你需要梳理过往经历中的线索，哪些领域能带来最大动能，哪些事务能激发你的能量，以及工作和生活中什么最令你振奋。通过这些线索，你可以有意识地创造理想条件。因为你充满干劲与热情的时刻，正是你真正践行人生目标的时刻。

此刻，你已经花时间思考过自己是谁、想要什么，或许现在正迈出获取进展的第一步。这些初始行动可能呈现不同形式。比如，若你的目标是写书，第一步或许是列出核心大纲，制订每日写作计划，并告知你的伙伴"我正在写书"，以此将目标具象化。

全心投入

成长需要你的全心投入，因为只有全心投入选定的事业，才能迎来收获的季节。你在播种期做出决定、制订计划后，就必须持之以恒地付诸行动。

然而，在前行的过程中，你会面临各种挑战，也会跌跌撞撞。当你真正开始行动时，分心、攀比和自我怀疑都将成为诱惑。你可能会左顾右盼，观望他人在做什么；你也许会纠结他人是否认可你的事业；你甚至会动摇最初立下的决心。

崭露头角

成长也意味着被看见，甚至在某种程度上意味着敢于暴露自身的脆弱。当你将心血之作公之于世，就注定要迎接随之而来的种种，既有掌声，也有质疑。这正是越来越多的人开始关注你之后的必然结果。从你全心投入、勇敢展示自我的那一刻起，人们就会知晓你的所作所为，一切都不再是秘密。

在成长过程中，行动才是关键。这不再只是构想，也不仅仅是准备，而是带着你的想法向前迈进，并以某种方式与世界分享。成长的真谛在于付诸实践，并将你的天赋礼物慷慨呈现。

收获季

当你成功播下种子、悉心培育，并见证最初的成长迹象后，将迎来驻足回望、评估成果的时刻。

把握收获时机

在传统的农耕周期中，收获时节是庄稼成熟待采的黄金期。农人会在作物完全成熟时进行收割。此时的庄稼已完成生长周期，正待采摘、食用或上市。切记要及时采收，否则果实过熟滞留枝头，最终腐烂变质。

因此，适时停步，采撷成果，方为上策。这既是为一路走来的成长举杯庆贺，亦是对耕耘历程的得失功过进行细细品评。

适时庆祝

许多人常犯一个错误：他们从不驻足庆贺自己梦想的实现。即便你写完一本书却只卖出十本，单是写完一本书这件事本身就值得庆贺。在继续前行的旅程中，你自会评估哪些方面进展顺利（比如完成写作），哪些方面尚有不足（比如营销策略），从而调整下一阶段的计划。未能停下脚步庆贺阶段性成果，实乃大谬。

纵使蹉跎十年才迈出第一步，"完成"本身已是值得庆贺的成就。这番庆贺正是为下一场"心田轮耕法"蓄积的能量。

种瓜焉能得豆

前两个阶段有多重要，到了收获的时候你就明白了。你必须明确自己的耕耘方向（选择播种什么，才能收获什么），否则就会像很多人一样，最终采撷到根本不想要的果实！

可悲的是，这种情况屡见不鲜。许多人倾注大量时间、精力与金钱培育某物，却在丰收时惊觉自己根本不爱所得。他们痛苦不堪，因为这份收获无法带来喜悦。这正是进行自我探索至关重要的原因：若错选了违背本心的方向，最终会得到不想要的东西。

如果不敢直面内心，不愿深掘那些令你眼亮的瞬间和那些你一贯采用的模式,你很可能会收获看似光鲜,甚至利润丰厚,却与心愿完全背离的果实。它无法给你带来快乐,更填不满你内心的空洞。我认为,"心田轮耕法"的终极目标,就是寻得那份既充满使命感又富有成就感的事业。

最具使命感的事业会随着时间改变吗?当然会!正因如此,才需要你不断重启这个探索过程。你只需重新出发,像自然界一样,开启新的循环周期。

冬歇季的决策智慧

这是一本关于倦怠与休整的书,因此,关于"冬歇季"的讨论尤为重要。在第四章中,我曾论述过"反复跳过冬歇季"将对人造成怎样的损害,最终会导致身心枯竭。现在,我想分享的是,全然接纳"冬歇季"的生命状态。

冬歇季的使命

正如草木历经萌芽、绽放、凋零而终归沉寂,冬歇季的本质在于休养生息。这段蛰伏时光让我们得以暂歇,反思过往得失,明辨前行方向,筹谋来年春事。这正是盘点既有资源、更迭耕作器具、深耕待垦土壤和舍弃无用负累的最佳时节。

冬歇季中的复盘与决策

冬天是评估的季节。你需要在这段时间里认真评估与复盘，看看之前的付出是否有所收获，然后决定是要调整方法、放慢步调，还是对见效的事情继续加码。

冬天也是做决策的季节，只有明确方向，才能走得更远。

首要做出的决策是关于作物的：你是否打算带着往季的"作物成果"进入新一轮春耕？是否要扩大种植规模？是否要换块地试试（采用新方法）？或者，干脆尝试全新的品种？

其次做出的决策是关于工具的：在繁忙的生长与收获季节，你可能经历过机械故障，或注意到某些部件需要更换。现在正是进行这些更换与升级的时侯。需注意，本轮的机械可能已不适用，无法携带到来年春季。因此，现在你需要评估现有的机械设备是否仍适合你所需完成的工作类型。如果不再适用，你将在哪些方面进行升级？使用什么进行升级？哪些环节需要优先改进？

冬日的休憩并非真正的停歇，这就像给身体补充必需的营养，是为了更好地成长。

冬天更是"深耕"的季节，把土翻过来透透气，让板结的土壤疏松。你的人生目标和追求中，哪些需要这样翻新一下？哪些需要重新发掘？哪些还可能焕发新的活力？

冬天还是"断舍离"的季节。想想哪些做法已经行不通了？

冬天是必不可少的季节，不是可有可无的季节。虽然表面上看似平静，但地下其实正在酝酿生机。土壤需要休养，你也需要喘气，不要奢望四季常春。

冬日断舍离

冬日断舍离，不妨先从能量维度入手。

- 过去一年间，哪些项目令你元气满满？哪些项目让你精疲力竭？
- 哪些情境能激发你的活力？哪些只会消耗你的能量？
- 与谁相处如沐春风？与谁交往疲惫不堪？
- 这一年你做对了什么？值得庆贺的成就有哪些？
- 未来需要改变什么？此刻值得庆祝什么？
- 过去一年的高光时刻、重要里程碑与关键转折点都是什么？
- 你对来年有何愿景？

生长季虽令人沉醉，但人生不能只有加速度，也不该困守那一季。你必须张弛有度，让生长与休憩交替循环，方能持续获得丰硕收成。

春耕季的使命

如同农人播种，你须寻一方沃土精心耕耘。这意味着要找到光照适度的地块，既能满足作物生长所需，又能避免暴雨成涝。理想的土壤需富含矿物质等养分，并能抵御外来侵害。

梦想的培育亦是如此。你必须确保环境良好，然后将种子播在肥沃的土壤里。这不仅取决于你的人生状态，还受到天时、地利、人和等多方面因素的影响。

农人播种前总会寻觅最适宜作物生长的土地，更会严守农时，确保作物能在寒冬来临前完成发芽、生长、结果的全过程。同样，你也需审时度势，考量行动的最佳时机。

你是否已为下一个成长季做好准备？你是否有足够时间滋养正在萌芽的梦想？它正在生长，需要你的关注、浇灌与扶持。

即使农人把种子撒在肥田里，做好了所有准备，但如果播种的时机不当，仍可能无法出苗，或者即使长出苗来，也可能因为没等成熟就被霜打蔫。所以，你得看准天时，根据自身情况和外部条件做出明智判断，心里清楚什么时机该采取行动，才能避免盲目努力，确保梦想和目标能够顺利成长。

春日播种的关键在于选准方向。在下种之前，农人必须先决定播什么种子。人生也是如此，这个抉择时刻至关重要,你必须谨慎决定如何分配宝贵的时间,选择培育什么样的事业。

许多人都犯了一个错误:还没想清楚要种什么,就急着开始耕耘培育。这就是为什么你会看到一些外表光鲜的成功人士,尽管事事顺遂,内心却充满空虚与不快。正因为他们当初没有花足够的时间决定自己想要播种什么,最终只能被动地照料地里自然长出来的任何作物。因此,成功的春耕意味着要明确你想培育什么作物,你想浇灌什么希望,最终你期待生命中哪些种子能够生根发芽、开花结果。

当你做出决定并准备好土壤后,便到了启动计划的时刻。这一阶段非常脆弱,也是一个全新的开始。你必须为种子注入巨大的能量,帮助它扎根生长,从而开始萌芽或长成幼苗的过程。

新生的嫩芽需要充足的阳光雨露与精心呵护。同样,你在初涉新途的脆弱阶段,也需要类似的滋养。因此,你必须审慎营造最适宜的成长环境,才能成就梦想。每个人的情况不同,有些人需要更多培育,有些人需要较少呵护。你需要了解自己在这一阶段的局限、触发因素和成功所需条件。一旦明白如何优化自己的天赋,你就有责任刻意营造最适合培育梦想的条件。

在播种和浇灌梦想的过程中,你需要谨慎选择身边的人。因为他们的言语和能量既能滋养你、助你成长,也可能摧毁你、将你击垮。

根据你对外界影响的敏感程度（这再次要求你充分了解自我），此时正是寻找志同道合者、支持性社群或同路人的关键时期。同时，你或许需要远离那些打击你的信心、贬低你的价值或对你所选道路知之甚少的人。此外，你要尽可能多地寻找积极的影响，比如精选有益的书籍和影像资料，寻求导师指导，参加培训课程等，利用一切能滋养你、培育你并帮助你守护成长中的梦想的资源。

简而言之，你要明确：为了实现目标，你需要怎样的精神养料？如果某些因素无助于达成目标，就果断将其清除；如果发现自身存在不足，就立即寻找能弥补缺陷的成长资源。

夏长季的使命

夏季成长阶段已开启，之前的决策期已然落幕。此刻，是时候果敢地迈出步伐，将你在冬歇季与春耕季所做出的决策付诸行动了。

你已经在一片荒芜之中孕育出了生命，几乎完整地经历了一个从无到有直至收获的周期。此时，你渴望让梦想持续绽放，所以需要不断鞭策自己勇往直前。

成长的旅程不会在第一片绿叶破土而出或第一颗果实成

熟时戛然而止，这是一场持续的旅程。若你期望持续收获硕果，就必须全身心投入。正如园丁深知，若想让植物茁壮成长、枝繁叶茂，精心呵护是不可或缺的。尽管你在春季满怀希望地播撒了无数颗种子，但并非每颗种子都能破土成苗、茁壮成长。有些幼苗可能因病虫害、狂风暴雨、干旱缺水等种种原因无法熬过整个生长季，最终枯萎凋零。即使最初拥有完美的生长条件，环境也可能风云变幻，不再如初。

那些能够孕育健康植物的环境与条件，同样会催生出我们眼中的"杂草"。比如，在成长阶段，你的雄心壮志或许能结出成功的甜美果实，但滋养了你那茁壮成长、结果丰硕的植物的肥料与雨水，也在无意间滋养了杂草与害虫，因为良好的生长条件本就会推动一切生长。

你的雄心壮志或许能在职业生涯、新创企业或像撰写书籍这样的智力项目中创造出外在的成功，但这种成功往往是以牺牲人际关系、与孩子相处的时光或婚姻为代价的。

雄心壮志是成长的必备养分，却也有其阴暗面。它可能会演变为傲慢，或者放大那些你本想隐藏的自身特质。

当一系列合适的环境条件恰到好处地结合在一起，并持续足够长的时间，你的种子将茁壮成长，变得强壮而健康。若得幸运眷顾，更可期收获丰硕果实。

成长的过程会筛选出真正坚韧的生命，见证那些足以傲然挺立、生生不息的力量。

> **休息革命**
> 战胜过度工作的倦怠

▍秋收季的使命

此时，是时候收获那些为孕育生命而付出的辛勤努力了。

"心田轮耕法"通过四季轮回教导自我实现之道，其精髓在于为你的人生目标开辟通路。我们刻意选用这样的表达，因为我们要开辟的道路，通向本就一直存在的事物。这条道路或许被杂草所掩盖，或许被深埋于暗处，但它始终存在，目标也始终存在。我对此深信不疑。

"轮耕法"这一理念至关重要。你不能在同一片土地上反复种植同一种作物，同样，在追求目标、梦想和使命的过程中，你也不能反复做同样的事情。你必须探索自己不同的侧面，不断突破自我，深入了解自己的内在驱动力。因为时间会改变一切，甚至包括改变你自己。

收获庄稼并无确切的期限，但你也不能无限期等待。尽管你已辛勤耕耘，播种、培育、守护作物免受侵害，但无法把它永远留在地里，所以你必须在它凋零前善加利用。

正如成长会面临威胁，收获同样可能遭遇危机。就现实而言，我把衰老与时间视作自己的头号敌人，因为我深知，此刻这个满怀憧憬的自己，最终会失去践行诸多梦想所需的精力与青春。其他现实的威胁还可能包括健康状况、可支配的自由时间，或是用于探索人生目标的财力资源。

切勿满足于一时收获（或沉湎过往荣光）。珍视当下的成功，但永远眺望未来，并利用每一次成功的契机，寻觅未来道路的线索。

没有哪个季节会被虚度

我花了很长时间才明白，正如自然有四季更替，人生也有使命的周期。若细想冬、春、夏、秋，便不难理解每个季节里大自然的变化。

植物在冬季休憩，于春日绽放生机，到盛夏走向成熟，最终在深秋迎来丰收，而后凋零沉寂，进入新一轮的休眠。

我们大多不会质疑树木与动物的季节变迁，这些变化早已成为预期，甚至我们会说"万物皆有时"。但当我观察人们对待自己的生活、情感与事业时，却发现我们往往缺乏同样的理解。

几年前，我开始信奉的一句格言是，"没有一朵花能四季常开"。无独有偶，最近我在 Instagram 上读到玛雅·安杰卢（Maya Angelou）的一句话，顿觉醍醐灌顶——"风雨终有止息时"。

人生亦是如此。

不知你是否有同感，每当我身处顺境，尤其是事业有成时，总奢望这盛景能永远延续。毕竟相较于翻土、播种、育苗的艰辛，收获的喜悦实在令人沉醉。而当丰收季不可避免地结束时，我总会怅然若失，甚至因繁荣期的终结而萌生挫败感。

但后来我悟到：生活、事业、情感，世间万物皆在循环往复。尽管丰收令人欢欣，但若四季皆秋，反而难以持续。正是那些看似平淡的耕耘时节，成就了最后的硕果累累。它们绝非只是锦上添花，而是不可或缺的基石。

现在你明白为何我说"没有哪个季节会被虚度"了吧？若在播种季未曾埋下希望的种子，就不要指望收获季的硕果满枝。

然而，这一人生哲学的应用远不止于事业打拼（尽管这是我过去十年创业历程的聚焦点），它同样适用于经营家庭、修炼心性，或是将创意之作呈现于世。

以我的两个青春期的孩子为例。回想他们的幼年时光，我完全沉浸在"播种季"里。那些年似乎永远在重复播种、播种、播种，仿佛永无止境，直到某天悄然转入"生长季"。如今我站在"收获季"回望，当年播撒的种子不仅在他们的学业和情感沃土中生根发芽，更结出了饱满的果实，每一颗都带着不容错认的成熟光泽。

当少年开始向青年蜕变，我不禁驻足沉思：他们的成长轨迹如何，我这个母亲又交出了怎样的答卷？哪些教育方式卓有成效，哪些选择留有遗憾？从他们身上我学到了什么，未来又该怎样调整？虽然这些"人生季节"不像农事周期那样固定为三个月，对我而言，每个季节大约持续三年，但每个阶段都不可或缺。

当孩子们还小的时候，我还没有现在的远见，未能明白那些艰辛的播种岁月终会过去，新的季节终将到来，一切都是在为收获时节铺路。如今完整经历了育儿的全周期，我更加确信"心田轮耕法"这一理念的真谛：生命中的每个季节都没有虚度。

我的生活中不乏这样的例证，相信你也能在自己的生活里找到相关的印证。

对许多人而言，2020年带来了休憩与自省的契机。新冠疫情前，许多人深陷倦怠困境。为何？只因我们强求自己停留在生长与收获的季节，而身心早已需要停驻休整。大自然自有其修正之道。

生命的季节不必非得是三个月，你职场的一季可能只有一季度，而婚姻的一季或许长达两年，关键在于，要准确把握你选择专注的人生领域中自然形成的内在节奏。

与其因人生某个方面的"落后"而自责，或是像追求卓越者常做的那样，因"无所建树"而苛责自己，不妨这样想：你或许正处在沉淀休整的季节，而非播种创造的季节。又或许你正处于稳步成长的阶段，正在为那个辉煌的收获季积蓄力量。

无论你正处在哪个季节，请记住：这都是生命循环中不可或缺的阶段，没有哪个季节会被虚度。

最佳生长条件

每个人都需要独特的生长配方，方能茁壮成长，并绽放生命的极致光华。"心田轮耕法"如同园艺造景，关键在于探寻专属于你的最佳生长方程式。

正如花草各有其养护之道，或需日照充足、定期浇灌，或宜半阴养护、保持土壤干燥。倘若你忽视这些生长法则，植物便会"向你抱怨"。它可能会枯萎低垂、色泽黯淡，最终凋零死去。我就曾浇死过多肉植物，尽管浇水在当时看来是正确的。

当植物获得理想的生长条件时，它会蓬勃生长，茂盛到你需要修剪才能控制它的长势。

人类又何尝不是如此？作为生命体，每个人都带着独特的印记降临世间——举世无双的印记！我们每个人都有一个最佳的生长条件组合，当这些条件得到满足时，我们就能茁壮成长。但许多人从未审视过自己真正的需求，想当然地认为他人所需即自己所需。

事实绝非如此。

以我为例，我一生都喜欢定期创作内容。在过去的大约

第八章　心田轮耕法：取心之所向，建人生景观

15年里，这表现为我创办了一个博客、一份订阅新闻，最近又创办了一个播客。我曾用日记本记录所思所想，某种程度上至今仍在坚持。但当我开始通过博客，继而通过播客发表这些想法时，方才醒悟：从灵光乍现到精心包装成适合他人的内容，再到分享传播并收获回响，这完整的创作循环，才是真正让我灵魂震颤的精神盛宴。

定期创作内容有着独特的节奏，它真正为我注入了动力，恰似我的生命阳光与甘霖。当沉浸其中时，我的创造力便蓬勃生长。更奇妙的是，生活的其他领域也开始井然有序：思维开始迸发火花，创意不断涌现，读者群体日渐壮大，甚至迎来了新的合作伙伴。

但更重要的是，我感觉找回了自我。当我花时间满足自我需求以保持最佳状态时，就能在自己的节奏中自如运转。

我的另一个最佳生长条件是什么？定期亲近大自然。这要归功于我在美国南部的成长经历。直到几年前开始定期徒步和森林浴，我才真正意识到这份需求有多么深刻。新冠疫情打乱生活节奏后，这些森林时光被迫中断，而我能清晰地感受到这份缺失。倒不至于说没有它我就会"枯萎"，但确实不复往日的神采奕奕。

所以，定期创作与亲近自然，是我保持最佳成长状态的两大要素。虽然缺了它们也无妨，但若能将二者融入日常生活，我就能展现出最好的自己。

我发觉，许多人其实清楚自己的成长所需，却总不愿让自己尽情满足。再加上这些条件即便缺失也不致命，一旦日程繁忙或预算紧张，它们往往最先被舍弃。但若我们真想扫清前路、实现最高版本的自我，就不能仅满足于最低生存线，而应主动迈向最优环境。唯有如此，我们才能真正蓬勃生长。

如何认清自己的最佳成长条件？以下问题或许能帮你找到答案。

- 你可曾有过让自己乐在其中的习惯？后来为什么中断了？
- 你在哪个季节状态最佳？
- 成为更好的自己，你需要哪些"养分"？
- 怎样的节奏能让你高效产出？
- 身体发出哪些信号时，你知道该休息了？
- 你需要多少社交？又需要多少独处？
- 内心最平静的时刻，你通常在做什么？身边有谁？
- 当你效率最高时，通常在做些什么？其中有哪些共同点？
- 当你感到压力最小时，背后有哪些支持体系？
- 当你感到最快乐时，往往与什么相关？

"心田轮耕法"，即为你的人生使命扫清道路的艺术，本质上是一场彻底的自我探索。

你或许早已熟稔至亲至爱之人的需求，现在，是时候深度剖析自我，厘清那些能让你绽放极致光芒的必要条件了。

麦蕾克的蜕变之旅

如今麦蕾克·蒂莱正进行着一场我称之为"心田轮耕法"的终极旅程。她的经历完美诠释了成功的季节性——即便你在某个领域取得辉煌成就，也绝不意味着奋斗旅程就此终结。

"我曾完成过一些事，而且做得相当出色，但那些都已成过往。"谈及事业成就时，她这样对我说。

如今最令她振奋的是，她能以新手姿态重新出发。她正满怀热忱地拥抱重启人生、试错尝新的可能。虽然大多数人是通过美妆订阅品牌"卷悦美盒"或她的播客认识她的，但她表示，如今的她正满怀热忱地投身于新的领域：帮助他人解锁天赋，构筑理想人生。

"做播客时我常对听众说，我的答案并非你的答案。它们只是给你提供一种思路，一种看问题的角度。那么，我要如何与你协作，助你活出真我，甚至还能提供资源帮你抵达理想的未来？"这正是她当下的使命。有时候，人们只是苦于找不到合适的引路人，或是不知道应该找谁寻求答案，而她正想要填补这一空白。

"有时我们把事情想得过于复杂。而真相是，多数人要么缺乏渠道，要么从未接触过相关资源，要么羞于求助，甚至根本不知道援助的存在。"

麦蕾克在创建线上妈妈社群"麦蕾克和妈妈们"（Myleik & Mommas）时发现，许多母亲之所以从未索取某些资源，仅仅是因为她们根本不知道这些资源的存在。这一发现促使她投入更多精力，帮助父母们在育儿路上获得所需支持。虽然她依然热爱商业冒险，也愿意协助他人创业，但如今最令她热血沸腾的，是将人们凝聚在一起并指引他们走向成功。

她将自己视为一座灯塔，指引人们抵达目的地，建立关键联结，从而活出至臻人生。她希望继续这份事业，助力更多人释放潜能。

尤其是旅行途中，她总自然而然地帮人们发现新的机遇。"每次出行，我都会不由自主地这样做。有一次和一位旅伴归来时，我突然意识到：我竟帮对方发现了这么多可能性。后来我对伴侣说，我要把这份事业继续做下去，更要把它做大做好。因为我看到太多人排错了队，走错了方向，却浑然不觉。"

毕业季：告别某个阶段

正如蒂莱向我们展示的那样，适时告别某个季节并无不可，即便那个阶段曾成就了你。

"心田轮耕法"的本质，是学会解读生命发出的信号并做出回应。你听到新季节的召唤却选择忽视，或许是因为：①你安于现状，不愿被未知打乱舒适圈，更不愿重当新手；②你为自己所达到的水平感到自豪。你为达到这个水平付出了艰苦的努力，放手似乎意味着你将"浪费"所有这些努力。

但请记住：即便当下阶段让你获益良多，当更高层次的使命召唤你时，潇洒转身才是明智之举。

我目睹了这种情形以无数种方式上演。那些选择理性分手、结束不再适合的婚姻却仍保持朋友关系的同事；那些本不必走到决裂地步，只是关系自然走到尽头的情侣，尽管有很多东西可以把他们绑在一起，比如共有的房产、财产和三个孩子；或是有房产、资产和十多年的情谊。他们都没有仅仅因为"尚有羁绊"就固守过去，而是勇敢回应新阶段的召唤，事实证明，那个选择正确无比。

事实上，我从未听到过有人说：他们听从内心的指引，凭着信念跃出一步，却后悔了。你有听过吗？

我们的大脑总会欺骗我们，让我们相信现状就是最好的安排。但万一前方还有更广阔的天地呢？不，没有"万一"，生命给予我们的馈赠，永远超乎想象。而敢于想象，正是我们能够觉察机遇降临的第一步。

以下是五个迹象，表明你正身处一个应当告别某个季节的阶段。

停滞不前

我曾直言不讳地告诉自己："我在啃老本。"当出现以下迹象时，我知道自己正处于该翻篇的阶段：不再努力成长、停止创新、不再寻求新方案，只是依赖过去的老方法。诚然，这样也能有所收获，甚至带来收入，但若固守舒适区而不响应新机遇的召唤，所得不过尔尔，远非我本当抵达的彼岸。

缺乏好奇心

当你觉得再无新知可学，自然提不出问题。若只因感到吃力就停止探索成长的新途径，说明你在这个层面停留太久了。

感到厌倦

你会感到厌倦，是因为你已经超越了过去的自己。那个旧日的你或许曾让你功成名就，在某个你已不再关心的行业里赚得盆满钵满、赞誉加身。但若此刻你感到焦躁不安，开始思索下一步该何去何从，其实你心知肚明：这一章该翻过去了。

没有惊艳到自己

你会觉得自己平平无奇，没有惊艳到自己。我的许多客户也有这样的自我评价。就像他们一样，在旁人眼中你光鲜亮丽、功成名就，但你自己却感受不到成功的喜悦。因为你深知，自己尚未挖掘出自身的全部潜力。你正在做的事情，只是自己力所能及之事，而非自己命中注定要成就的伟业。即便你难以精准定位自己最终的使命，但内心深处的直觉告诉你，前方必有更广阔的天地。

心生焦虑

想到要迈向更高层次，你便心生焦虑。你害怕响应召唤，因为内心深处畏惧着自己的潜力。你从未将自己推向极致，那片未知领域令你望而生畏。如果到了下一个阶段，你无法适应，怎么办？如果需要做的事情和学习的内容比你预想的还要多，而你无法迎接挑战，怎么办？若这些念头挥之不去，其实你已心知肚明：这个季节的使命该翻篇了。

实不相瞒，我并非善于人生转场的高手。沉没成本偏差总让我深陷其中，明知某些事物早已失去价值，却仍执念难消。正因亲身经历，我才能一眼洞穿这种心理！也许你尚不了解沉没成本偏差的概念，我先解释一下，它的意思是，你对某事投入的时间、金钱等资源越多，就越难洒脱放手。你拼命想要证明这些投入值得，哪怕只为证明自己当初没错，至少不愿承认白白耗费了这么多心血。正因如此，你会看到有人宁可苦守一段不幸的婚姻多年，或是死守早已证明行不通的方案，只因他们已在这条路上投入了太多的时间和金钱。

人生行至此刻，所有勇敢的告别，终将化作更好的遇见。

你呢？是否也处在一个曾经受益却隐约意识到必须告别和放手的阶段？放手，可能会为你腾出空间，去迎接一些不同的东西，一些更好的东西，一些你真正想要的东西。

你的"下一季"

我十分推崇"量入为出"的生活理念。在财务层面，这意味着理性消费，不花自己没有的钱。如果银行账户里没有这笔钱，或是无法确定未来会有这笔收入，就不要勉强自己去购买那些需要赊账的东西，否则你只会让自己陷入财务困境。你有多少财力，就做多少事。守住这个底线就好。

这套准则在理财上行之有效。但在其他生活领域，有时我们需要突破自我设限，因为我们的格局可能太小了，思维可能太局限了。不妨将这种突破称为我们的"精神格局"。

从财务角度出发，我们确实应该量入为出，因为超前消费可能会让我们陷入债务的泥沼。但若在精神层面也固守现有认知，就等于只敢相信眼前所见。每当萌生新想法，我们总要求自己必须看清完整路径、消除所有疑虑才敢尝试。对多数人而言，疑虑永远无法完全消除，于是我们止步不前，在舒适区里得过且过。

选择在精神层面上"量入为出"的危险在于，我们会因此束缚自身发展，无法达到那本应属于我们的更高境界。而这份"本应"，从持续不断的命运召唤中便可知晓。

当你的人生需要更宏大的愿景时，你或许尚不知如何抵达，但关键是要让这份渴望的能量流入心间。让自己看见它，让自己憧憬它，让自己想象身临其境的画面。更要让自己坦然承认：这就是我真正想要的！

细想那些激励你的人的故事，他们大多发掘了自身某种独特禀赋，某种能让他们脱颖而出，在所处行业独占鳌头或成就非凡的特质。除了专注与勤奋，归根结底是他们敢于追逐最初看似不可能的目标，敢于响应命运的召唤。

凭什么你不能？

响应这份召唤，意味着突破精神局限，接受生命进化的邀约。在"心田轮耕法"中，我提出了"螺旋上升"法则：将某一阶段积累的自我认知不断淬炼，使你在更高层次的目标之路上愈加精准专注。想象攀爬一座越近顶端越收窄的金字塔，那正是通往人生使命的路径。随着每次螺旋上升，你的方向都将更加明晰。

当这种螺旋上升在生命中重复足够多次，终将让你抵达唯你所能胜任的使命之境。到达这个为你量身定制的高度专注境界，第一步本质上是信念的跋涉，在不确定召唤将引向何方，不知这段旅程终将如何，甚至不确定这个疯狂念头能否实现时，就毅然响应召唤。

我无法保证你的任何尝试必定成功。但可以确定的是，开辟目标之路的旅程，大半时间是在行动、前进、犯错、从错误中学习、改进、重塑、剔除冗余，并剪除那些阻碍未来成长的枯枝。

请记住，属于你的更高境界早已为你预留。何以见得？因为这份召唤只为你而鸣，也只有你能听见。旁人无法感知你的使命，无法像你这般清晰地看见自己的前路。但这份确信无须他人验证，无人能为你佐证，也无人能告诉你"我看见了你的所见"。

但我知道你看见了。我确定你看见了。你可能只是还没敢迈出第一步去回应，因为这召唤看起来就像沙漠里的幻影。你害怕自己会一脚踏空，因为你没法确定下一步是不是坚实的土地。所以你宁愿待在熟悉的舒适区里，"量入为出"地生活。

可是，那个召唤一直在继续，催促着你成长蜕变。

大多数时候，你的使命都会带你走向未知的领域。如果你觉得这话说到你心坎里了,那么,是时候突破现在的自己了。

肌肉记忆的奥秘

肌肉记忆被定义为"通过频繁重复某个动作后,无须有意识思考就能准确复现该动作的能力"。可以解释为,当某个动作被不断重复时,大脑会为这项任务建立长期肌肉记忆,最终使其能够在无意识努力的情况下完成。这一过程能减少注意力消耗,使运动系统和记忆系统达到最高效率。骑自行车、用键盘打字、输入密码、演奏乐器、玩扑克游戏、练武术甚至舞蹈等日常活动,都是肌肉记忆的典型例证。

除了骑自行车(毕竟"一旦学会终生难忘")或演奏乐器之外,在公开场合建立个人品牌所需的各项活动中,同样存在着肌肉记忆的运作机制。这让我想起在父亲去世后那段极度悲痛的日子里,我仍站在舞台上演讲的经历。虽然已记不清当天演讲的具体内容,但那些本能讲出的话语,不仅吸引了新客户的关注,也赢得了企业赞助商的尊重。

若你因公开表现而紧张,请记住:你早已完成所有准备工作。请依靠你的肌肉记忆,那些都是来之不易的专业技能。不要给自己压力,不必苛求自己面面俱到或当场超常发挥。你积累的经验教训随时可供调取,它们永远为你待命。

练习：运用"故事金字塔"模型

寻找你的领导力北极星：深度自我探索与成功领导力公式

不妨运用"心田轮耕法"之"故事金字塔"模型，串联你职业生涯的关键节点，发掘共通主题，并解读你生命中的重要轨迹与核心故事脉络，具体方法如下。

- 了解你的成功故事，那些听从内心召唤而突破的瞬间。
- 直面你与生俱来的领导力天赋。
- 重拾本真的自我，让完整的你在职场绽放。
- 建立一个精准的决策坐标系。

运用这套独创的"心田轮耕法"教练体系，破解关键命题：我的职业四季在诉说什么？用故事金字塔串联起你职业生涯的轨迹，发掘那些历久弥新的主题，重拾本真的自我，让完整的你在职场绽放。

第一步：选定五个维度。选取一个包含五个独立单元的"人生容器"，它可以是时间维度的，比如你职业生涯最近的五年；它也可以是能量维度的，比如迄今为止最能点燃你职业激情的五个项目。这些选择不必局限于有偿工作或职场经历。你完全可以沿着记忆长河溯流而上，**梳理人生的五个关键阶段**：懵懂童年、青涩少年、初入社会、而立之年（职业中期），以及当下此刻。

第八章 心田轮耕法：取心之所向，建人生景观

请从以下维度择一进行梳理，并按时间顺序构建你的金字塔模型（最久远的置于底层，最新的近置于顶层）：

- 人生五大重要阶段。
- 你过往的五个重要角色。
- 你合作过最成功的五位客户。
- 你最近推出的五项服务／计划。

第二步：梳理每个项目中让你感到能量迸发的瞬间，用动宾短语逐一列出。无论是艺术创作、志愿服务、兴趣爱好、社区事务，还是人际交往，尽可纳入其中。**关键要捕捉那些让你现在回想起来仍会心头一亮的时刻。**比如，独立自主地开展工作，参与营销团队协作，在数十位同行面前进行演讲展示。若某些能激发你工作热情的事在不同评估维度中重复出现，如实记录即可，不必顾虑重复。

第三步：聚焦那些让你跃跃欲试的问题挑战，同样用动宾短语归纳。比如，帮助年轻人提升沟通能力，将混乱局面变得有序高效，或是激励团队持续前进。

第四步：提炼反复出现的共性主题。哪些群体是你始终关注的？哪类问题总让你摩拳擦掌？典型主题可能呈现为：为边缘群体发声赋能，将复杂概念化繁为简，建立乱中有序的运作体系，或是推动重大项目破局前行。

为了探寻你的人生真谛，不妨从金字塔模型的各层级入

手，系统梳理和挖掘三个关键维度：真正让你心潮澎湃的共性元素，为他人创造的价值纽带，以及贯穿你成长历程的故事线索。

金字塔模型练习的最精妙之处在于，它既折射出你的职场认知的变迁轨迹（哪些在演进，哪些始终如一），又映照出那些历久弥坚的核心特质。你会清晰地看到，自己的规划力、创造力、成长力与执行力如何相互滋养。每个新的人生阶段，都延续着上一季的积淀。

你在使命的指引下前行，就能敏锐捕捉那些不断重现的人生主题，纵使每次登场它都穿着不同的外衣！这条贯穿故事金字塔模型的线索，不仅让你读懂现在的自己，更让你遇见那个始终如一的真我，从而在纷繁选择中守住航向。

细数你职业人生的四季更迭，此刻正沐浴在哪一季的晨光中？

核心洞见

- 心田轮耕法，是将乔治·华盛顿·卡弗的作物轮耕法智慧运用于人类发展的实践。这一方法通过引导人们聚焦能量增值活动和滋养型人际关系，以帮助那些因职业倦怠而身心俱疲者重获生机。本质上，这是对自我心田的一种轮耕养护。

第八章 心田轮耕法：取心之所向，建人生景观

- 职业倦怠源于多重失谐状态。失谐产生摩擦，摩擦导致能量无谓流失。这些日积月累的能量漏洞，正是心田轮耕法所要修复的。
- 践行人生目标犹如驾驶车辆，纵使车轮失准仍可行驶，但总有说不出的别扭。这种能量损耗的摩擦终将以透支身心为代价。
- 治愈倦怠，与其减少工作量，不如调整做事方向。
- 蛰伏不等于消亡。就像动物进入休眠状态时，生理机能会暂时减缓或停滞，如同进入深度睡眠。但我们常常误把蛰伏当作死亡。
- 无论是个人成长、项目推进、创意孵化、著书创作还是建立人际关系，都需要巨大能量来激活，也需要深度的静默蓄能，这是释放全部潜能的必经之路。当你因进展迟缓而沮丧，当你的步调突然慢于往常，或是在某些领域不如从前顺利时，你要明白：这未必是放弃的信号，这或许正是你蓄能重生的契机。请让当下的经验沉淀扎根，在下一轮成长来临前，给自己一段必要的休整期。

本书的核心论点是，倦怠源于一系列身心失调状态。这些失调与我们与生俱来的心理需求相冲突，在持续摩擦中不断消耗着我们的内在能量。当这种能量耗损日积月累，我们终将因疲于应对这些无处不在的摩擦而陷入倦怠困境。

其次，请追溯思维定式的根源。这些观念从何而来？行为模式如何形成？是童年养成的习惯，还是对父母行为的模仿？你一贯选择牺牲社交联结来换取加班收入吗？或曾目睹父母为维系关系放弃财务自由？你的工作模式究竟源自何处？一旦洞悉这些默认模式背后的驱动力，你就能打破这种思维定式的桎梏。

最后，直面内心真正的渴望，重新校准人生方向。人各有异，唯有你自己能回答这类问题：在自我关系层面，你渴望怎样的成长？职业发展中，什么让你真正向往？时间安排上，你希望为哪些事留出空间？在静心修养方面，你的神经系统需要怎样的疗愈？人际交往中，哪些空缺让你感到孤独？哪些人让你念念不忘？

当理清各领域的答案后，请选定一两项最能满足这些渴望的改变着手实践。

The Rest Revolution

09

第九章

**重拾真我：
消解生命不能承受之耗**

重获身心平衡、缓解能量消耗型摩擦的第一条路径，是重塑自我联结。"做真实的自己""忠于内心""保持真我"这类短语之所以广为流传，正是因为其中蕴含着永恒的真理与智慧。

重塑自我联结的方式因人而异，但通常包含以下核心维度。

- 挣脱麻木，重拾人性尊严，培养对自我的同理心。请把慈悲与关怀还给自己：你曾在哪段晨昏里，弄丢了照看自己的承诺？
- 卸下伪装的人格面具，重获本真。
- 深化自我认知，厘清内心真正的渴望。
- 优先处理那些对你真正重要的事，让喜悦自然绽放。你曾在哪些时刻辜负了自己？此刻，请重拾人性的光辉，回归那些滋养身心的能量本源。

第九章　重拾真我：消解生命不能承受之耗

▎挣脱麻木，驻足沉思，致敬你的人性与伤痛

重获身心平衡的第一步，是正视人的基本需求。当你承认这些需求时，便打破了"自己是台机器"的迷思。放慢脚步、关照需求、及时自悯，这些举动能帮你解除自动驾驶模式，逐步回归本真状态。

当我说到"自我关怀"时，我指的并非仅仅是泡个热水澡或参加瑜伽课程，尽管这些也可以是你的自我关怀计划的一部分。真正的自我关怀，是对生命基本需求的郑重承诺，包括允许自己休憩、坦然面对哀伤、妥善处理情绪、从创伤中康复、度过困境后重整，以及为每个微小成就庆祝。自我关怀能打破过度工作的循环，将你从自动驾驶模式中拉出来，重新恢复觉察力。

当机械思维遇到人性微光

对洛蕾尔·汤普森·佩顿而言，过度工作的自动驾驶模式早已蔓延到职场之外。就连与家人共度的闲暇徒步时光也未能幸免。"去年感恩节后在夏威夷的那次徒步让我印象深刻。虽然走之前同样的路线毫无困难，但背着20磅（约9千克）重的幼儿完全是另一番体验。当我们即将到达最后一个山顶时，望着近在咫尺的终点，按照我的本能反应，我本可以咬咬牙继续坚持下去。"

但她最终没有硬撑。在关键时刻，她选择了尊重自己作为人的生理极限。也许登顶的目标，可以留待来年实现。

还记得第二章的律师珍妮弗吗？那位在得知导师去世消息后，仍试图按原计划参加视频治疗的职场女性。当我因她当天早晨遭遇的变故提出改期时，她最初婉拒了。但当她真正驻足思考时，机械思维随之关闭，人性本能开始苏醒。正是这个违逆惯性的选择（尽管不无挣扎地优先满足哀悼需求）让她朝着纠正自我否定的失调状态迈出一小步，而这种失调往往是倦怠的前兆。

每当你面临忽视身心需求的抉择，却最终选择自我关怀时，你就是在完成一项重要的自我突破，即瓦解根深蒂固的机械思维模式。

你本值得：接纳自我价值

前文提及的企业家麦蕾克·蒂莱曾在职业倦怠期关闭了年收入数百万美元的美妆订阅业务。对她而言，过度工作曾是获取自我价值感的途径。

"当我拼命工作、野心勃勃时，我觉得自己真正渴望的其实是打心底里认可自己，"蒂莱坦言，"我曾以为获得赞美、赚钱、买东西就能实现这种满足。"

那段燃烧自己的岁月确实让她收获颇丰。但如今学会放慢脚步后,她终于与自我达成和解,领悟到价值感可以来自工作之外的广阔天地。

她说道:"如今我明白了,无论是否向外界展示我的所作所为,我自身的价值与意义都不会因此消减。我的善良、我的敬业精神、我的本真,这些都不会因为停下脚步、坐在场边稍作休憩和欣赏风景而消失,哪怕别人仍在来回奔波。我想,当时的自己或许根本看不清这一点。这种领悟需要时间和阅历的沉淀。我的创造力丝毫未减,野心也依然存在,只是暂时不想点燃那股拼劲罢了。"

同样在前文出现的奎安娜·史密斯,在疫情期经历严重职业倦怠后也有类似顿悟。当时她正处于晋升关键期,超负荷工作最终拖垮了她的健康。在康复过程中,她意识到逼迫自己太狠了。

"我总在通过不停地产出来证明自己提供了价值,但真相是,我的存在本身就是一种完整的价值,无须任何附加条件。"

她经历了漫长的自我调适才真正内化这种认知转变,顿悟来临的那一刻,她发现整个世界都焕然一新。

伪装的代价:当代人的能量透支之谜

要重获身心平衡,你必须学会全盘接纳最本真的自己,包括那些特别的兴趣爱好和独特的小癖好。这绝非易事，因为我们从小就被灌输"合群"的重要性。我们很早就懂得：与众不同会招致异样眼光，让自己与所在群体产生隔阂。对内向腼腆者而言，脱颖而出往往意味着格格不入，这种体验令人不适。

但为了合群而压抑真我，代价沉重。首先，否认真实自我会阻碍你为世界做出独特贡献。当你无法展现真我时，只能做他人的拙劣模仿者。而这种自我背叛的认知，会逐渐侵蚀灵魂的活力。

更重要的是，伪装需要持续消耗额外能量。在与他人相处时隐藏自己的真实身份，或者在专业场合中刻意调整表达方式、行为模式、语音语调乃至外在形象以求被接纳，这种长期的心理表演终将耗尽你的能量储备。日积月累，这种能量透支便成了导致职业倦怠的重要诱因。

如果你保持真实，全然做自己，反而能滋养生命能量的不竭源泉。

为何我们总看不清自己

如同我们自幼便学着迎合外界期望一样，关于职业成功的既定剧本也早早递到了我们手中。在父母师长的殷切指导下，我们按部就班地读书、考高分、毕业，尽可能多地获取

第九章 重拾真我：消解生命不能承受之耗

学位，最后踏入职场。那些需要当代成年人多年奋斗才能进入的行业，往往都有一套精确到年份的"通关攻略"，详细标注着职业道路上每个关键节点该做什么。

前文提及的奥德里亚·克莱因-托马斯正是如此。这位在新闻界深耕近20年的新闻女主播，在41岁那年毅然辞职转行。离开新闻演播室后，她第一次发现自己的职业生涯乃至整个人生，竟然没有现成的剧本可供参考。这是她第一次真正掌握人生的方向盘，自主决定职业走向和每一天的活法。

这种被社会默许的、精心设计的"被动成长"模式，本质上剥夺了我们认识真实自我的机会，唯有那些从孩提时代就刻意保持自省、持续探索内心好恶与需求的少数人幸免于此。自主意识长久沉睡，自我认知持续蒙昧，终将招致命运的反噬。

我一次次见证这样的场景：那些来找我做职业咨询的客户，往往已拥有令人艳羡的成就，比如，多个学位、无数证书、高管职位、丰厚薪水和行业声誉。但即便拥有这一切，这些精英人士仍感到生命中缺失了某些东西，却又说不清缺失的究竟是什么。当我们开始层层剖析时，我惊讶地发现，尽管取得了如此成就，大多数人却对自己行为背后的根本需求与渴望一无所知。若不了解内在驱动力的本源，就难以获得真正的满足感。

可叹的是，这些职场翘楚往往既是成就斐然的佼佼者，又是精疲力竭的困兽。由于缺乏自知之明，他们徒然耗费大量时间精力在迷途中寻寻觅觅。他们之所以陷入过度工作的循环，根源在于没能认清自己真正想获得什么。于是，他们便跳上了过度工作的仓鼠轮，天真地以为只要投入更多的时间和精力，终会获得满足感。而真相是，这样的满足感几乎从未降临。

从这个角度看，缺乏自我认知是极低效的人生模式。虽然认清自我（明确你的核心需求与可舍弃之物）或许需要先期投入大量精力，但这就像获得了一个终极"作弊代码"和时间捷径，能够帮助你更频繁地做出与你的自身特质相契合的选择。

尊重你的独特性

要真正了解自己的需求与特质，最直接的方式就是梳理那些能让你重焕活力的事物。若你正深陷倦怠期，或许一时难以辨明当下能激励你的是什么。这时不妨追溯过往经历，重新发现那些曾让你感到元气满满的活动场景、特定环境和关键人物。

我之前在个人品牌咨询工作中，就曾运用这个方法帮助客户明确他们既想专注深耕，又能为未来机遇构建故事线的

第九章 重拾真我：消解生命不能承受之耗

工作领域。实际上，这套方法的适用场景远不止职场，它能帮你精准定位生活中所有值得重点投入的领域。

向内探索，寻找心灵 GPS

不用说，唯有你自己才能最终确定：你真正需要什么、什么能为你注入能量，以及你究竟是谁。尽管大多数人从未接受过如何向内寻求答案、方向和指引的正式训练，你最终不得不停止向外求索，因为唯有你内心才藏着那些专属的答案。

机械思维的终结与人性的回归，始于停止自我背叛。停止自我背叛与自我否定的关键，在于唤醒并连接你的直觉。请将直觉视为你最宝贵的资产之一，它是你内在的导航系统，是引领你走向更契合人生路径的"心灵 GPS"。你可以通过静修练习深化与直觉的连接（第十二章将详细探讨），但此刻只需明白：从向外索求转为向内探寻，是摆脱自动驾驶模式、重新校准人生坐标、回归身心合一状态的关键。

无论你是有为至亲离世而哀悼的情感需求、休憩的身体需求、融入社群的社交需求，还是有娱乐放松的心灵需求，当你倾听这些需求并停止自我背叛时，便是在守护生而为人的尊严。这样做能显著降低倦怠风险。将自身需求置于首要位置（即便尚未完全理解其意义），本身就能激发能量。而当你深陷倦怠泥潭时，这份能量是冲破疲惫阴霾的光。把自己放在第一位，才是战胜倦怠的终极法则。

叩问心门，认识真我

那些总能让你感到充实愉悦的行为、人际关系、场所或活动，不应是可有可无的选择，而该成为你生活中不可协商的根基。

你的独门秘籍是什么？你的方法与他人的有何不同？简言之，是什么塑造了独一无二的你？如果你对此感到迷茫，你并不孤单。对于大多数人来说，清晰地表达出自己的独特性是一件极具挑战性的事情。我发现，如果你深入挖掘那些关键的转折点——那些最早让你感到失望、纠结、心碎的时刻，那些让你第一次感受到力量、振奋、充满活力的瞬间，以及那些最初让你感到困惑、愤怒或觉得生活如此不公的经历——这些深藏心底的记忆和个人故事中，藏着无尽的宝藏。若能深入挖掘这些故事，你便能触及自我的核心。你还记得什么？哪些片段至今仍在你脑海中挥之不去？这些人生经历又是如何塑造了今天的你？

你是否正在追寻人生意义的更高维度？也许你以为需要从零开始、另辟蹊径，但真正的关键或许在于回首来路，审视自己一路走来如何能召唤成功。回到最初的日子，回到那些塑造你的根基经历。你始终坚守的处世之道是什么？太多人都在浪费时间做无用功，误以为人生意义的追寻就是要与过去决裂、向未来狂奔。然而，当我们溯本求源时，总能在起点发现智慧的闪光。不妨问问自己：在岁月更迭中，你生命里哪些底色始终未改？这正是我们要探寻的生命真谛。

聆听直觉的智慧

就像有时候，即使你完全不知道电话那头是谁，却有一种强烈的直觉驱使你去接听一样，你的直觉一直在默默地引导你。它帮助你远离那些不适合你的事物，同时将你引向生命中真正属于你的方向。在最深层的意识里，你早已洞察了自己的使命。你清楚地知道，自己究竟应该做什么，被召唤去做什么。这或许是对创造力的呼唤，或许是归属感的召唤，或许是自由的呐喊，又或许是回馈社会的使命感。这也可能是对卓越的追求，在你意识到自己尚未全力以赴时，内心深处的某种声音在提醒你。无论对你来说这意味着什么，现在或许正是回应这份召唤并尊重自己直觉的最佳时机。

设定一个重连直觉的目标。这不仅会指引你回归内心所求，更会引领你走向天赋使命的目的地。当你选择全然活出生命目标时，直觉便是你最值得倚仗的珍宝。那些至关重要的胜利，永远发生在你聆听并信任内在指引与智慧的瞬间，即便当下的你，尚未完全理解这份指引的深意。

有趣的是，当你回首往事时会发现，那些最辉煌的胜利往往诞生于这样的时刻：你决定忍受不确定性的不适，屏蔽他人的声音，转而聆听自己的内心。请珍视那份直觉，别急着按下"静音键"，哪怕它细若游丝，也要调高它的音量。坦荡说出心中所想，即便格格不入，也绝不违背本心。

回想那些纵身跃入未知的时刻，尽管时机未熟、挑战艰巨、恐惧萦绕，你依然说了"好"。当一切尚无定数，当你不再否认自己内心早已知晓的真相，当你不再与未来的自己讨价还价，妥协于"差不多就行"的将就，该接受还是拒绝？该前进还是退缩？该继续原有服务，还是冒险以全新姿态登场？其实你早已知晓答案。试想，若你倾听内心、信任直觉、忠于自我，又怎会行差踏错？真正的胜利往往藏身于这份笃定之中，即便此刻的你还未能参透其中深意。

卸下伪装的面具

如果那个你视为性格缺陷的特质，实际上正是你的才能所在呢？如果那个让人们感到沮丧、令他们对你恼火的特点，恰恰是他们最需要的东西呢？

我们中太多人花费数年时间否定自己真正的兴趣和优势，只为走一条由我们渴望获得其认可之人指引的道路。比值得注意的是，如果我们长期无法触及那些真正契合本性的能量源泉，就相当于切断了最自然的自我修复机制，无法为自己的能量储备"加油"。

我认为，通过系统性地改善失调状态，并重新建立与个人特质相匹配的能量补给系统，包括特定的活动、工作模式和人际关系，我们就能重建健康的心理能量循环，最终走出倦怠阴霾。

以下是一系列描述性说明，虽非定论，却涵盖了绝大多数客户普遍困扰的领域。我将分享一个简易框架，供你用于在这些领域中的一个或多个做出改变。该框架适用于自我认知、事业追求、时间管理、神经系统维护及人际关系处理这五大维度。这是心理学家和治疗师常用的一套认知行为疗法流程，旨在帮助来访者实现行为改变。

首先，你需要对现状保持清醒认知。当前各方面状态如何？面对时间管理、事业追求、人际关系处理等重要领域时，你通常做何反应？是否会优先处理这些事项，还是习惯性地让其他事务占据上风？若发现某个领域长期被忽视，请追问深层原因。通过这种觉察，你能打破自动驾驶模式的惯性思维，看清事实真相。你对这些领域抱持着怎样的预设？比如，是否你总告诉自己没时间冥想，或认定别人都没空陪你？这些假设经得起推敲吗？唯有勘破惯性思维的真相，方能真正跳出自动驾驶模式。

阻力幻象：你以为的惊天动地，不过是别人的过眼云烟

若我不提醒你，这番自我发现的新旅程将充满挑战，那便是我的失职。当清醒的认知引发改变时，这种转变往往伴随着阵痛，尤其当你崇尚传统与惯例的时候。但最强烈的抵触，往往来自那些早已适应"旧日版本的你"的周围人。

当改变暴露在公众视野之下时，挑战尤为严峻。私下培养冥想习惯是一回事，这几乎不会扰动你原有的生活轨迹；而转型为面向公众的新职业则截然不同，这不仅会重塑你的晚间日程，更将彻底改变你与他人相处的时间配比。倘若你原先的身份地位显赫，能为你赢得尊重与资源，就更需谨慎应对那些审视的目光：旁人会如何解读？你的转变将如何颠覆他们心中的形象？

以我的亲身经历而言，当你做出重大改变（无论是染亮发色还是转换职业），外界或许会报以短暂的好奇，但最终，人们只会专注于他们自己的生活轨迹。

他们自会适应。

所以，你大可不必为那个令你踌躇不决的重大改变辗转反侧。事实上，当你真正付诸行动后，大多数人根本不会在意。即便有人注意到这个让你夜不能寐的决定，也只会引发他们短暂的关注。崭新的你将很快成为他们眼中的常态，而

过去的你终将化作他们模糊的记忆。

既然你反复纠结的改变，在旁人眼中不过是转瞬即逝的插曲，又何须让自己的生活停滞不前？没有理由推迟那些能为生命注入更多意义与欢愉的蜕变。

是否有个重大改变正等待你的抉择？是一段关系、一份工作，还是定居之所？你的人生并非刻在石板上，只需一个果决的决定，一切皆可改写。世界照常运转，你将因为自己的决定而更加快乐。

那个藏在心底的真实自我，正在渴求怎样的改变？

核心洞见

- 认清自我是应对职业倦怠的关键。当你不知你想要什么时，时间与精力便被浪费了。
- 失真生存，即背离真我的存在方式，不仅大量耗能，更会助长倦怠蔓延。
- 自我关怀能打破机械思维，让你重拾超越劳动产出的人性尊严。

The Rest Revolution

10

第十章
野心的分寸感：
找到最舒展的职业姿态

重获身心平衡、缓解能量消耗型摩擦的第二条路径，是重建与内心志向的深度连接。

调整志向的关键在于量体裁衣，具体方式因人而异，但通常包含以下核心步骤。

- 审视并挑战过往形成的固有思维模式。
- 重新校准人生航向的坐标。
- 合理调整目标以契合当前阶段的定位。

若你过去未曾花时间厘清自己真正的需求，那么你当前对"志向"的认知可能并未真实反映你的职业渴望。让志向归位意味着调整抱负，使其与那些为你赋能的活动和人群同频，而非与消耗你能量的事物同频。

重温第八章"心田轮耕法"的练习时，请特别关注与冬季课题相呼应的问题：当你在生命长河中暂停摆渡，审视当下这个人生季节时，哪些枝蔓需要果断修剪？哪些嫩芽值得移入来年的春播图景？

第十章　野心的分寸感：找到最舒展的职业姿态

▎志向失谐：职业倦怠的隐形推手

考虑到我们约有 1/3 的生命在工作场域中度过，仅仅是投在错位事业上的时间损耗，就足以掏空我们的能量储备，将我们推向倦怠深渊。

前文提到的安德烈·布莱克曼在接连失去至亲后，带着女儿踏上旅程以整理思绪。他开始与信赖的同行探讨职业转型的前景。他经营自己的医航人才咨询公司已经有七个年头了，虽然成绩斐然，但创业的不确定性却持续侵蚀着他的心力。

当布莱克曼重新审视自己的创业者身份时，前路逐渐清晰。经过与业内资深人士的一系列洽谈后，他最终获得了某大型猎头公司的合伙人职位，专职负责人才招募工作。正式加盟新东家后，他告别了创业的艰难日子。成熟企业的完善架构与团队支持，让他能专注发挥高阶专业能力。除此之外，他决定给自己留出休憩空间。

布莱克曼表示，他没有任何遗憾，也绝对不会因为自己关闭公司而感到失败。他认为，他的公司为他提供了一个被关注的平台，并为他成为合伙人铺平了道路。

在逐步关闭医航人才咨询公司的过程中，他将客户资源导流至新平台，与昔日团队郑重道别，也重新审视了这段征程的真正价值。

第九章　重拾真我：消解生命不能承受之耗

如，选择去法学院而不是成为作家，选择学医而非创业。然而，满足感始终无处可寻，因为所选之路与我们的内在动力并不契合。

我们常常因为害怕"太过特立独行"或"做得太过火"而隐藏自己的独特之处。但你隐藏的特质，可能恰恰会吸引真正属于你的东西；你掩饰的东西，可能正是连接你内心最深渴望的纽带。

你连完整的自我都未曾展现，又怎能与他人比较？或许你常被劝诫不要拿自己和社交媒体上他人展示的生活做比较。但鲜少有人促使我们去思考：那些我们可能羡慕的他人所走的路，是不是我们想要走的路？因为大多数人至今仍未鼓起勇气，全力以赴追求自己真正渴望的生活，活出真实的自我。

我们大多数人都活在他人投射的阴影之下：做着并非真正渴望的职业，追随着被期许的所谓天职，与自我生命中最璀璨的绽放渐行渐远。若你未能将天赋绽放至极致，反而安于二流的影子版本，又怎能与那些根本不在你心之所向的赛道上奔跑的人相较？若你总觉落后，或许只因困在晦暗的竞技场，而没有你本应沐浴的璀璨天光。所以，与其比较，不如专注聆听内心的声音。先确认自己要成为哪颗星星，再全力绽放光芒。唯有如此，才能挣破阴影。

他坦言:"在这个行业里,我的存在方式得到了认可,这很重要。我为自己开辟了一条独特路径——最初只是经营'脉搏与信号'(Pulse and Signal)博客,后来发展为写作和演讲事业,继而创立战略咨询公司,得以与数字医疗初创企业合作。"

志向校准有时需要主动转向。布莱克曼鼓励从业者善用既有成就实现能级跃迁。作为资深猎头,他目睹过不少人才(尤其是成就斐然的黑人女性)本可完成类似转型,却因自我怀疑或过度奉献精神而低估自身价值。

当专业人士对工作充满热忱时(特别是使命感驱动的工作),往往容易陷入薪酬低估的陷阱。"你会觉得自己只是来帮忙的,"他犀利指出,"但我们不会这样觉得。不过有人会嗅到这种心态并加以利用。这可不是扮演特蕾莎修女的时候。"

将自己的雄心壮志从创业转向其他方向时,他清醒地意识到:保持服务精神固然重要,但绝不能以自我燃烧为代价。"收起殉道者情结,因为这对谁都没有好处。"

布莱克曼的经历生动诠释了职业阶段更替的必然性。创业确曾契合他人生某个阶段的志向,未来或许会再次契合。但当那个阶段终结时,持续的错位感已让转型成为他的必然选择。

第十章 野心的分寸感：找到最舒展的职业姿态

拨云见日：校准志向的第一步

如果你像布莱克曼一样感到志向错位，校准过程的首要步骤就是厘清当前的抱负核心。我的上一本书《天赋赋能计划：打造最强个人品牌的五个步骤》（Package Your Genius: 5 Steps to Build Your Most Powerful Brand）详细阐述了如何在当前的人生阶段清晰定义并强化你的职业定位宣言。

这里我不再赘述细节，当你需要为人生下一阶段找到关键方向时，"天赋赋能计划"过程至关重要，其核心步骤如下。

1. **明确定位个人品牌**。通过重拾童年本真（与内心深处的自我对话）、识别核心优势与专业技能，以及将个人天赋凝练成简洁有力的价值宣言，获得清晰认知。

2. **构建案例实证**。运用案例研究来讲述你的职业生涯故事，并通过展示你过去的业绩、工作成果和价值，为你新表达的信息提供证据支持。从同事、导师以及其他能够证明你技能的人那里获得推荐和背书，增强你的可信度。

3. **确立核心思想体系**。深度挖掘你的思想领导力主张，创建能够有效传播这些观点的内容体系，并将内容转化为可商业化的品牌标识，实现专业价值的变现与强化。

4. **打造个人影响力矩阵**。善用社交媒体与数字工具构建线上形象，通过公开演讲和媒体渠道传播你的观点，并持续培育和扩展专业人脉网络。

5. **营销个人价值**。主动争取机会，精准捕捉机遇，优化时间管理效能，建立可持续的价值输出体系。

在实现志向校准的过程中，"天赋赋能计划"法则的第一步尤为关键。

> **发掘你的独特天赋**
>
> "天赋赋能计划"过程可以让你重拾孩童时代的本真判断力，再获那份与自我和谐共鸣的纯粹智慧。
>
> 这与你的个人品牌有何关联？当你真正触及内心本质，认清真实自我时，方能更接近人生的核心目标与使命。如此，你便能将这份领悟清晰地传递给需要的人。不必再勉强自己屈就世俗框架。当你精心淬炼天赋，就是在释放内在才能。我确信，世上没有什么比这种觉醒更美妙的体验了。
>
> 设定一个目标，重新与你的直觉建立连接，因为它不仅能指引你回归初心，而且能引领你发掘自己的天赋使命。以下是需要探索的核心问题框架。
>
> - 你是谁？

- 你的优势在哪里？
- 你能解决哪些问题？
- 你的受众是谁？
- 你的工作模式是什么？

现在，让我们深入探讨如下问题。

核心命题：你是谁？

如何认知真我？验证有效的方法是首先识别你的优势。虽然市面上已有大量关于优势理论的佳作，此处不再赘述，但我将分享优势定位的实践框架及实用工具。

为何聚焦优势？我深信优势是映照本真的魔镜，是指引内在方向的罗盘。当内心声音渐弱难以辨识时，优势便是最醒目的路标。

如何发现优势？内在线索与外在线索皆可追寻，下面我们展开阐述。

探索内在优势的线索

首先关注内在信号：什么让你充满活力？什么使你能量充沛？哪些事让你期待不已？何时你会进入心流状态？

从实际操作的角度来说，你可以参考迈克尔·邦吉·斯坦尼尔（Michael Bungay Stanier）在《忙到点子上》（*Do More Great Work*）中提出的"高光时刻"理论：本质上，你需要回顾你的职业生涯，系统梳理那些让你充满干劲的工作瞬间。马库斯·白金汉（Marcus Buckingham）在《现在，发现你的职业优势》（*Go Put Your Strengths to Work*）中也提出类似观点，他建议读者分别列出热爱与厌恶的工作事项。那些让你心生欢喜的瞬间，往往就是你天赋优势的显性表征。

请用一分钟记录你职业生涯中的高光时刻。若暂时难以回想，不妨追溯你在社区服务、家庭事务或校园经历中那些充满意义的工作片段，这些都将成为后续分析的重要素材。

发掘优势的另一条路径，是聚焦于那些消耗你能量的工作环节。单纯强调优势可能导致三种错误：为错误对象解决正确问题，向正确对象提供错误方案，或以错误形式交付正确方案。

本质上，过度聚焦优势可能让你止步于"接近圆满却始终差临门一脚"的困境。

花点儿时间思考一下哪些事务正在消耗你的能

量？审视你当前的任务、同事或客户关系。有些工作可能部分让你乐在其中，但整体却让你精疲力竭。这类事务正是你需要实现自动化处理、委派他人去做或彻底规避的。

那么，具体是工作中的哪些环节在消耗你的能量呢？

从外部探寻你的优势

当你通过自我反思找到内在优势线索后，接下来就需要借助外部反馈来进一步验证。你可以通过以下问题来发现这些外在线索。

第一个问题：别人常因什么感谢你？这是我最喜欢的问题之一，因为大多数人从未认真思考过。我们常常忽略来自他人的感激，而这份感激恰恰揭示了你在哪些方面为他人创造了价值。我始终坚信，若不能先为他人创造价值，就别指望扩大影响力、获得推荐或让他人愿意为你的服务买单。

第二个问题：别人总在哪些事上向你求助？这个问题从另一个角度诠释了"感激"的意义。如果你很难想起上一次收到感谢是什么时候（或者你生活中的人大多不知感恩，这本身就需要另当别论），那不妨想想，别人最常因为什么事找你帮忙？对大多数人来说，这个问题更容易回答。只要你留心观察，答案往往会在你生活的方方面面自然浮现。

就拿我自己来说，作为一名职业教练，我的工作就是帮助人们开启人生新篇章。这可能意味着创建一档品牌播客，点燃创业火花，推动新书项目落地。颇具讽刺意味的是，我在家里也被赋予了"启动项目"的任务。每当需要推进一个大型项目时，我通常是家人或朋友圈中第一个被求助的人。正因如此，人们既会请我协助激发新创意，也会因我促成重大变革而表达谢意。

此外，在你生活的哪些方面，你常收获他人真诚的感谢？人们最常因为你的什么贡献而向你表达谢意？

看看哪些方法奏效

如今，你已经掌握了审视自身优势的内在线索和外在线索。但确定个人品牌方向还有更多方法可循。

请审视你的生活：哪些方面卓有成效？哪些领域真正运转良好？你不妨回顾过去一年，或者对

> 于在本领域已经深耕多年的人，可以纵观自己的整个职业生涯。你还可以仔细思考自己的专业角色和社会参与情况，看看工作中哪些环节始终在高效运作。
>
> 当你能够认清自身优势、找到令你充满能量的事物，并觉察到世界以感激之情回馈你的价值时，无论对你，还是对你想要产生联结的受众，一切都会变得清晰明朗。

美国梦的当代转型：
从追求财务自由到探寻生命意义

如果在完成"心田轮耕法"过程后，你发现自己的优先事项发生了显著变化，那么，你并非个例。

新冠疫情之后，托德·罗斯（Todd Rose）及其团队通过采用私人意见调查方法，发布了多项指数，以更深入地洞察劳动者真正重视的事项。当被问及疫情前后工作优先事项的变化时，他们的"美国劳动力指数"揭示了一个现象：2/3 的劳动者表示，他们的优先事项至少发生了些许变化，近 1/5 的人坦言，他们的优先事项发生了根本性的转变。仅有 27% 的人表示，他们的工作优先事项与疫情之前毫无二致。

人们对工作场所灵活性的渴望成了重大且持久的职场趋势之一。如今的员工将远程办公能力列为排名第二的优先事项，工作同时兼顾生活要事位列第四。

他们团队的"大众成功指数"深入探究了美国人对成功和美国梦的个人定义，揭示出两个核心观念：成功在于追求有意义的人生而非财富积累，美国梦是个人化的追求而非财务目标。

研究显示，在美国人成功标准的十大优先事项中，半数聚焦于有意义的生活，包括从事能积极影响他人的工作、享受工作过程、成为令人愉悦的伙伴、拥有生活目标、积极参与社区事务。相比之下，"致富"这一项的排名接近末位（在61项中排第45位）。

该指数还发现，多数美国人认为美国梦是关于个人成功的，即实现对自己最重要的事。然而，他们同时认为，多数人仍将其狭隘地定义为经济层面的概念，即通过勤奋工作实现财务自由的能力。

目标的力量：驱动卓越的内在引擎

十余年来，我始终为包括企业高管在内的高绩效人士提供教练服务，他们无一不是技艺精湛、才华横溢的行业翘楚。然而，这些卓越成就者大多陷入过度工作的怪圈，而非选择从容前行。他们固然能缔造非凡业绩，却总在征途的某个节点耗尽所有能量。

当到达某个临界点时，他们会幡然醒悟：他们既有的工作模式已难以为继。若要获得更深层的成就感，就必须开始优先关注作为"人"的基本需求。他们需要转向更能带来喜悦感，且与人生目标同频共振的工作。

在我们合作期间，我会要求我的客户深入思考他们的职业历程：究竟是哪些具体的工作内容、工作安排、团队协作模式和企业文化，能让他们感到能量充沛而非精疲力竭。令人惊讶的是，多数人从未系统思考过何种工作环境更适合自己。传统职场教育只教会我们评估薪酬福利与企业声望，却让我们忽略了更本质的维度。即便一个人达到了业绩指标并取得了前所未有的成功（这确实是高成就者的常态），如果没有与目标的连接感，以及工作环境与个人需求之间的契合，他也会觉得若有所失。

欲望解码：如何厘清你当下的真实渴求

唯有你自己深知是什么在激励着你前行，也唯有你自己能回答什么样的工作对你而言最具使命感。使命在召唤，而你，就是那个被召唤者。

为什么要使工作与使命同频共振呢？谁会在意你是否探索自己该做的事呢？如果你不把自己的才华展现给他人，又会有多大影响呢？

这些正是我想要和你一起探讨的问题。因为在我说服你应该将你的抱负更贴近你的目标之前，你首先需要明白，若不如此，你将错过什么。

我相信，人类的使命——无论是基因编码的设定，还是智人区别于其他物种的特质——就是去发现我们来到这个世界上要完成的使命。作为人类，你就要完成你特定人生旅程中被赋予的任务，这是我深信不疑的真理。

我们的人生使命早在童年或青少年时期就已初现端倪，我们都曾听见那使命的召唤。然而，真正能响应并毅然踏上使命所指引的道路的人又有多少呢？

就拿我自己来说，我仍记得初中和高中时自己的模样。那时我深爱英语课，同学和老师都坚信，有朝一日我会成为举世闻名的大作家，我的文字将会触动数百万人的心灵。

但不知从何时起，我深信了"饥饿艺术家"的理念，认定必须经历潦倒才能成为成功的作家。虽然始终明白自己为写作而生，我却因此搁笔多年。

尽管我在公关和教练领域都取得了成就，但直到完成处女作的那天，我才真正体会到成功的归属感。此前，总有种

第十章　野心的分寸感：找到最舒展的职业姿态

难以名状的杂音萦绕心头，就像乌云压顶般不断低语："这些固然不错，可你究竟什么时候才动笔写书？"仿佛其他成就都无足轻重。

当图书问世的那一刻，所有不谐之音骤然消散，那片乌云终于散去。

坦白说，这种不和谐感后来曾再度来袭。但如今，我已透彻明白其缘由——我尚有更多著作要完成，本书便是明证。我深知在肉体凡胎尚存于世时，还有更多信息需要传递给这个世界，助我完成此生的使命。

使命在召唤。倘若你迟迟不接听这通"电话"，内心难免会感到隐隐不适。

这就像那种明明忘了做某件重要的事，却怎么也想不起来具体是什么的感觉。又好比你去超市前明明列好了购物清单，东西都买齐了，却总觉得还漏了什么——清单上的每一样都拿到了，可你心里仍不踏实。

而回应召唤的感觉恰恰相反，那是一种储备充足的满足感，像是橱柜里囤满粮食，账单全部付清，体检预约安排妥当，仿佛人生再无疏漏。

当你自愿放弃回应召唤的机会，或者用我的话说，"拒绝天赋赋能计划"时，你就会在内心滋生出一种挥之不去的焦躁感。这种焦躁感会如影随形，直到你以某种方式践行自己与生俱来的使命。

在你接起这通命运的召唤电话之前，或许你说不出具体缺了什么，但总会隐隐觉得生命中少了点儿什么。

如何让目标计划与内心渴望同频进化

洛蕾尔·汤普森·佩顿曾在一家知名的新闻杂志社步步高升，距离她梦寐以求的主编职位越来越近。然而，她发现目标标杆不断后移，业绩考核标准持续加码。随着新生儿的降临和书籍创作的推进，朝九晚五的职场晋升压力令她不堪重负。

虽然绩效考核显示她超额完成了页面浏览量指标（核心业绩标准），但写作岗位表现仅达预期。她感觉自己无论如何拼命工作，永远都不够好。

"我可以拼尽全力，做到极致，却永远无法满足要求。"佩顿说道。在反复经历刚达标又见标准提高的循环后，她终于忍无可忍，选择优先照顾自己和守护内心的安宁与精神健康，主动跳出了这场"仓鼠跑轮"般的困局。"我不再盲从于这个体系，"佩顿明确表态，"我要另辟蹊径。"

她离开了新闻编辑室，转而从事自由写作，并在业余时间考取了瑜伽教练资格证。虽然不确定自由职业是否是终身之选，但目前这对她的精神状态是最佳选择。"如今一切正在归位，而过去我仿佛硬要把自己塞进根本不适合的模子里。"她如是说。

佩顿曾深信，要成为获奖记者就必须跻身美国顶尖新闻编辑部，必须从资深撰稿人做起，必须拥有无数奖项和署名文章。"我确实曾深信这套标准，毕竟从少女时代起，我就怀揣着成为青少年杂志主编的梦想。"她坦言。

然而，当她的文学偶像托妮·莫里森（Toni Morrison）离世时，佩顿恍然顿悟。"那一刻我突然意识到，原来当个作家就'足够'了，真的已经足够了。其实当作家这件事本身就足够了，只是我从未真正接受这一点。因为在这个行业里，人人都想当主编，想做决策者，想拿更高的薪水。而那条晋升通道，似乎就是获得这些'名利'与'成功'的唯一途径。"

当志向与使命同频，每份努力都充满能量

尽管解决工作带来的疲惫与倦怠看似需要长期休息，但许多职场人士发现，当日常工作与更有意义的事业相结合时，他们会重获活力。这是因为将抱负与人生使命（而非声望或随意设定的收入数字）相匹配时，就会产生源源不断的能量。

佩顿说，她始终觉得自己在职业生涯中追寻着某种意义与成就感。历经15年，她终于找到了答案。而直到她不再

试图把自己塞进那个职业抱负的失配框架，才真正找到了答案。

"我本就不该被框架束缚，"佩顿告诉我，"我不必跻身管理层，不必执掌大权。我只想创作能触动他人的、有意义的作品。如今跳出樊笼后，我终于能自由地去实现这个愿望了。"

她必须相信自己本自具足，相信自己的天赋、才能与文字足以支撑人生。事实证明的确如此。"离开全职工作不久，机遇之门接连开启：撰写专栏的构想正在落实，封面故事的策划即将面世。我深信万物皆有时。"

她依然在全力以赴，甚至比从前更加努力地去实现新的职业抱负。幸运的是，正是这种"拼命三郎"式的奋斗精神，让佩顿对未来的任何挑战都成竹在胸。"我为这一刻准备了整整15年，若算上高中和大学时为校报撰稿的日子则更久。我始终在耕耘，时刻准备着迎接机遇。如今我真正准备好并敞开心扉，机会自然接踵而至。这种心想事成的状态，正是厚积薄发与把握时机的完美交汇。当二者相遇时，所有梦想便开始结果。"

但她深知，这需要一次破釜沉舟的信念飞跃，而这恰恰是大多数职场人在长期风险规避中被消磨殆尽的勇气。"前路未卜，令人望而生畏，"她坦言道，"像我这样的'乖乖女'，不该辞去稳定工作成为创业者，更别说自由撰稿了。

第十章 野心的分寸感：找到最舒展的职业姿态

艺术创作本就充满风险。"

如今，佩顿完成了转型并调整了抱负方向，她表示自己的神经系统正在重新校准。走出职业倦怠的她感到前所未有的轻松，体验着更强烈的幸福感与成就感。"前几天见到导师时，她说我现在整个人都在发光。"

当理想需要转向时，如何优雅调整

若你像佩顿一样处境明确，不妨效仿她的做法，通过重新规划工作层级来合理调整职业抱负。具体而言，你可能需要从管理岗退回到个人贡献者的岗位；也可能是时候承认自己已具备领导能力，并渴望带领团队。如果你想继续留在当前行业或现有组织，但希望改变职级层次，务必在向领导提出谈话前，明确自己希望向上晋升、向下调整还是平级调动。

但若你的情况更为复杂，职业倦怠让你意识到需要彻底转行或转换角色类型，以下行动指南可供参考。

当职场罗盘失灵时，要重燃职业热情

若你在职，仔细审视当前岗位，思考有哪些不如意之处，现有工作缺乏什么。进一步思考怎样的时间投入能让你充满干劲。此外，不妨从你的志愿活动、业余爱好和兴趣中

寻找线索，或许能从中发现重燃你职业热情的火种。

明确你的价值观

审视人生现阶段的价值取向，确定下一份工作的优先考量。潜在价值维度包括薪酬水平、工作地点、综合福利、办公弹性、远程工作权限、与领导层的直接接触、实操经验、工作的社会影响力、出差机会等。

让激情与价值观指引职业转型

若你心仪的新领域与现有职业轨迹截然不同，那么你可能需要通过调研寻找与职业新愿景相契合的工作。首先，列出你想在新身份中运用的实操技能，思考你会联想到哪些职位。若毫无头绪，不妨在招聘网站的职位搜索中输入你的理想技能组合，看看会出现哪些类型的职位，哪些选项令你眼前一亮。

接着，整理理想的职位和行业清单，以此校准你收集的潜在职位信息。选定最吸引你的行业和具体职位之后，请用你的价值清单交叉验证。比如，若弹性工作制与生活平衡对你而言比薪酬更重要，那么高压领域的商业银行可能并非优选；若高薪与差旅机会对你而言很重要，那么非营利机构的工作或许难以让你长期投入。总之，要诚实地面对自己的价值取向，并理清这些价值的优先级。

把你的技能打包成通关故事

在转行时,关键要讲清楚:你之前积累的那些职场技能,换个赛道依然好用。同时,你可能会发现,当前追求的工作在本质上与你毕生追寻的机遇同属一个更广阔的领域。

比如,在我从事思想领导力与个人品牌指导工作时,我发现最具价值的技能是"讲故事",这一能力既来自记者生涯的锤炼,也得益于创意写作的积累。我始终秉持着这样的信念:要让那些值得被关注的群体与个人的故事,真正为世人所知。过去作为社区记者是如此,如今帮助人们彰显才华的思想领导力指导工作亦是如此,这份照亮有价值故事的初心始终未变。

所有经历皆有来路。挖掘你所有行动背后的深层渴望,方能在新赛道强势发声。

盘点人脉资源,主动建立联结

职业转型之路的一大优势是你能在探索过程中不断积累人脉资源。若你曾成功切换过技能赛道,想必早已结识了多元群体,加入了不同的专业协会,并在各类组织中拓展了关系网络。现在是时候重新激活这些资源了。请准备好你的转型故事,每周设定联系两三位旧识的目标(可通过邮件、视频或面谈),开启深度对话。在沟通时,可以主动告知对方你目前的职业动向、感兴趣的方向,并说明你希望他们如何帮你留意与当前目标契合的机会。

他们很可能会帮助你继续头脑风暴，寻找那些在你转变职业方向后可能成为你新的职业归宿的目标组织。如果你在转变过程中遇到了僵局，应保持积极的心态。你头脑风暴得越多，你的愿景就会越清晰。你向越多人分享你的新职业愿景，就越有可能在他们遇到与之相符的机会时想起你。

核心洞见

- 何必执着于实现他人的抱负？可悲的是，大多数人穷尽一生追逐的，不过是别人的梦想。
- 当你的追求与内心志向相背离时，你可能做了许多看似重要却与内心毫无共鸣的事。
- 只有你明白自己的动力源泉，也只有你能判断什么工作对你最有意义。
- 使命在召唤，职业错位感将如影随形，直到你真正直面那些失效的工作环节，或是敢于追逐那个一直被自我禁锢的职业抱负。
- 当职业志向与内心追求相契合时，即找到了对你真正有意义的事业，便能激发出你源源不断的能量。

The Rest Revolution

11

第十一章

效能升级：
从时间奴隶到能量主宰

重获身心平衡、缓解能量消耗型摩擦的第三条路径，是夺回对时间的主导权，这恰恰是预防职业倦怠的关键突破口。具体做法因人而异，但通常包含以下要点。

- 提升个人效能。
- 设定更清晰的边界。
- 优化能量分配。
- 把休息列为优先，善用你应享的时光。

回归本心、尊重人性需求，意味着你需要通过以下方式将时间投入真正重要的事务：提升个人效能；设定更清晰的边界；优化能量分配；把休息列为优先，善用你应享的时光。你忽视了哪些本该重视的事？

提升个人效能

最重要的事要最先处理。你很可能因为效率低下而浪费了大量时间。在你感到焦虑之前，请明白我并不是将你的职业倦怠归咎于效率不足。实际情况是，由于你缺乏对时间用途的明确规划，你可能正在浪费自己的时间，同时也默许他人浪费你的时间。

因此，重新校准时间管理的第一步，就是要搞清楚自己到底在哪些地方"瞎折腾"。这一点至关重要，因为接下来我会建议你设定边界、拒绝他人的不合理索取，同时引入能让你状态回升的新习惯。而这些调整都需要额外的时间投入，所以在往你的"时间餐盘"（日程表）里塞新任务前，我们必须先留出足够的弹性空间。

高效组织：打造你的专属规划系统

如果缺乏科学的时间追踪系统，我们很难真正掌握自己的时间去向。请别将这些建议视为个人批评，事实上，很可能已经有人在不知不觉中占用你的宝贵时间。如果你对自己的时间分配缺乏系统性管理，本质上，你就是在放任低效工作状态持续。如果没有清晰的规划，你将难以识别哪些环节可以优化，或是日程中存在哪些可以精简的冗余事项。

建立科学的规划体系后，你就能有理有据地评估某些会议是否真的必要，你的参与是否具有实际价值，以及时间是否应该投入更重要的领域。即便你个人没有浪费时间的习惯，但当同事习惯性地将任务转交给你时，你的时间就在被无形地消耗。因此，必须通过系统规划来掌控时间主动权。重点在于以周计划为基准，细化每日安排；以月计划为导向，统筹每周重点；以年度规划为蓝图，前瞻性地部署重要事项。

请谨记：倘若你不对自己的时间做出系统性规划，他人便会替你将其填满。

我并非那种对特定系统死板坚持之人。我个人在使用迈克尔·海亚特（Michael Hyatt）所创的"全神贯注"（Full Focus）规划系统时，收获颇丰。该系统以季度为单位，对规划进行细致拆解。对部分人而言，这或许过于烦琐复杂，他们更偏爱简洁明了的规划工具。但我发现这套系统与我十分契合，我将其与我的在线日历相结合，精准把控约会安排、家居维护、子女学业以及客户事务等各类日程。这一规划系统为我勾勒出每日的清晰概览，让我对家庭与商业事务中需完成的任务了然于心。日历则助力我与那些需要共享时间安排的伙伴们高效配合。

回首过往，项目管理系统曾是我工作中的得力助手，尤其在团队协作项目中，其优势尽显。在最基础的层面，我极力推荐每个人都建立一份纸质的或电子版的记录清单，涵盖即将开展的任务、各类约会、出行承诺以及待办事项等。在这个信息爆炸的时代，若仅依赖大脑记忆，重要细节难免会从指缝中溜走。

批次化工作法和主题化工作法

当初创业时，我的两个儿子都还在襁褓之中。如今他们

第十一章 效能升级：从时间奴隶到能量主宰

已到学龄，而人们常好奇我是如何在经营教练咨询与演讲事业的同时，还能兼顾母亲的角色。事实上，在资源有限且无法雇用大量帮手的情况下，正是对时间的高效管理，让我既能保持母职质量，又能坚持对客户服务的高标准。

居家办公兼顾育儿与创业的经历，让我很早就养成了划分时间区块与严守界限的工作习惯。我很早就意识到，如果只有一个小时的高效工作时间，那么，专注于一项可以批量重复完成的任务会是更明智的选择。

我发现，与其回复一个客户电话，在社交媒体发布一条营销信息，再写半篇博客文章，不如将那一个小时里专注于单一任务，比如集中撰写并安排未来数日的 30 条社交媒体帖文，这样不仅工作质量更高，还能实实在在地推进重要事项。

明确职业发展路径的方法之一，是运用优势测评工具来评估你的职场核心竞争力。通过盖洛普的克利夫顿优势测评（CliftonStrengths，原名为优势识别器，涵盖 34 项核心优势指标），我的首要优势被鉴定为"成就驱动型"，这意味着我享受任务完成的成就感，每当划掉待办清单上的一项，就感到无比充实。因此，批次化工作法能立竿见影地推动进度，而不会陷入四处救火却每个领域都没有进展的困境。

批次化工作法，就是把同类任务打包处理，这让我成功"收复"了时间失地，夺回了日程掌控权。主题化工作法，是指将同属一个类别的多个任务批次（比如内容创作类任务）统一安排在每周的固定工作日集中处理。主题化处理法从多个层面改变了我的日程管理方式，尤其在预约安排方面效果显著，它为我设定了明确框架，使我能设定有效边界。比如，当有人约我在周二（内容创作日）喝咖啡时，除非会面能带来创作灵感或包含播客访谈，否则我会礼貌婉拒。

同样地，我发现若将教练咨询、行政事务和创意思考等同类工作集中安排在主题日内完成，工作效率会显著提升，因为这种安排能让我快速进入状态并保持高度专注。

科学实证支持批次化工作法与主题化工作法的有效性。神经科学研究表明，在不同类型任务间频繁切换会持续消耗认知资源，并带来额外问题。相比专注于单一任务，这种工作模式会更快使人感到疲惫。正是看似微不足道的改变，让我得以牢牢掌控自己的日程安排，并且能够精准地判断出自己究竟是否有余力去承接新的任务，或是与他人安排会面。

我借助批次化工作法和主题化工作法的方式，巧妙地优化了自己的日程安排，尤其是在时间极为紧张的情况下，这种方法极大地提升了我的工作效率。如果你的日程安排异常繁忙，但你依然渴望为自己的目标、项目，甚至是自我关怀挤出一些时间，那么批次化工作法和主题化工作法无疑是绝佳的选择。当你手头的空闲时间少得可怜时，你必须努力最大化地利用这些有限的时间，让它们发挥出最大的价值，从而为你所用。

批次化工作法和主题化工作法也非常适合那些处于新角色中的人：新任管理者、新团队负责人、新手父母，或初创企业主。简而言之，无论你是正对着电脑屏幕苦苦思索，还是在凝视着新生儿那纯真的双眼，只要你需要在这些生活中的重大变化面前重新梳理和规划自己的时间，批次化工作法和主题化工作法都能为你带来清晰的思路，为你的日常生活增添更多的秩序与结构。

如果你和我的许多客户一样，正打算从美国传统的职场环境中抽身而出，那么你早已习惯了让自己的日程安排完全受制于上司或同事的意志。然而，当你的日程安排终于可以由自己做主时，你将如何巧妙地管理自己的时间呢？

设定边界

我们都曾被迫为他人挥霍时间买单。虽然我们无法控制他人的行为，但可以通过设定个人边界，引导他人以更尊重的方式对待我们。即便你处于弱势地位，也不代表没有权利对更有权势者设定边界。这不需要咄咄逼人或高高在上，只需以合理的姿态温和推进。

与周围人设定边界，可能需要你提前做些铺垫工作，以重塑人际关系的新节奏。请相信我，当你的个人信条变成人际互动新准则时，一切付出都将物超所值。以下是几种简单有效的边界设定方法。

务必制定会议议程

你是否经常参加一些毫无必要、毫无进展且徒耗所有人时间的会议？这通常源于领导不力，但只需制订一份简明扼要的会议议程就能解决。根据迈克尔·海亚特（Michael Hyatt）提出的方法，有效的会议议程应包含以下四个关键要素，即4D原则。

- 方向（direction）：这次会议将帮助我们实现什么目标？
- 交付成果（deliverables）：接下来需要完成哪些具体任务？
- 执行者（doers）：谁负责每项任务？
- 截止日期（deadline）：这些任务的截止日期是什么时候？

重掌日程主导权：从被动应对到主动规划

要更好地掌控自己的时间，你需要减少被动反应，增加主动规划，这样才能为自己创造更多思考空间。具体可以分为以下两步。

首先，抽空仔细审视一下你现有的日程安排，就像我之前提到的那样。盘点一下那些定期重复的会议，认真评估你是否真的需要参加这些会议。不妨问问自己：这些会议是否真的不可或缺？我的时间是否可以更好地花在其他更有价值的地方？

接下来，如果你有决定权，那么就果断地从那些不必要的定期会议中抽身而出。倘若你尚未拥有这样的权力，那么就先深入挖掘，找出那些更能高效利用你时间的方式。你可以根据"4D"原则（方向、交付成果、执行者和截止日期），仔细思考如何才能通过推动会议目标的实质性进展，而不是单纯地参加会议，从而让你的时间发挥更大的价值。务必先厘清这一点，这样你才能向你的上司有力地阐述你的观点。试着向他们展示，不参加会议将如何帮助你更快地提交更优质的成果。

在日程表中划出专属思考区块

无论你带领的团队规模大小，都需要专门规划出管理决策时间，用于思考如何更好地指引团队方向。优秀的决策不会凭空产生，战略部署也不会从天而降，它们需要调研、斟酌和权衡取舍。简而言之，定期获得充足的思考时间，才能孕育出明智决策与稳健战略。

由于职级差异，你可能无法在白天工作时间自主安排思考时段（比如中午），但正因如此，你必须更高效地利用可控时间，因为思考时间必须纳入你的日程。

如果你无法在工作日中至少抽出 30 分钟，不妨尝试在清晨，一日伊始时预留这段思考时光。

职场亲密有度：掌握该管与不该管的分寸

即便与同事关系密切，有时你也必须设定限制和界限，因为你不可能随时有空与他们商讨或提供支持。在这种情况下，你必须明确界定自己可以提供帮助的范围和无法参与的事项。

我的一位客户刚升任高管约一年，下属不少是共事十余年的老同事。这些同事不仅仅是她的工作伙伴，许多人还和她成了朋友。由于她与许多下属（这些下属的汇报对象还需向她汇报）存在私交，渐渐地，她的办公室不知不觉成了"默认接待站"，无论是对上司有不满、对工作量有疑问，还是对薪酬有担忧，大家都自然而然地来找她。她发现自己的时间完全被这些琐碎的人事谈话占据，根本无暇推进那些真正重要的战略性工作。

这让她倍感为难，毕竟她真心在乎这些同事，但对方却在消耗她的善意，过度挤占她的工作时间。我建议她坐下来明确界定：哪些事可以帮忙，哪些事不该插手。最终她意识到：虽然珍视与每位同事的私交，但若继续处理这些本应由直属上司负责的人事问题（坦白说这完全超出了她的职责范畴），无异于越俎代庖。于是，她开始引导员工去找各自的直属主管沟通。

在处理同事间的日常矛盾时，她选择保持距离。每当有员工带着尚未与直属上司沟通的问题前来求助，她都会温和地建议他们先和自己的直属上司聊聊。她渐渐领悟到一个原则：

如果连直属上司都不需要知道的事,那更不该占用她的时间。

同时,她也不再陷入员工具体的岗位职责、工作分配等操作细节,毕竟作为高层管理者,这些微观事务往往超出她的视野范围,很难提供有效帮助。她开始坚持一个准则:凡是涉及薪酬调整、人员留任或部门内部事务,必须首先与直属上司沟通。部门负责人理应成为解决问题的第一道关口。

于是,她重新审视自己的工作职责,明确了应当提供支持的范围:将更多精力投入员工职业发展指导上,为同事提供职场发展策略建议,帮助他们规划更长远的事业蓝图;同时聚焦于推动行业重点项目落地,协调解决跨部门协作难题,以及应对公司发展面临的重大战略挑战。

效能升级与组织优化,资源紧缩期的平衡策略

每周预留一小时进行"闭环管理",专门处理当周未完成事项和待跟进对话。你可以用这一小时完成以下收尾工作:发送待确认的邀约,跟进未答复的请求,复盘未决的讨论,并在周末前妥善处理所有待办事项。

个性化定制

"理想日常"愿景构建法

数年前,我曾与故事架构师杰米·詹森(Jamie Jensen)

合作，重塑我的写作事业蓝图。那时我虽全职从事培训指导、公开演讲及团体管理工作，却始终在探索如何将文章、随笔等文字创作有机融入职业生涯。

她让我做了一个极具启发性的练习，迫使我去具象化内心真正的渴望。如今重读当年写下的答案，我惊觉当下的事业状态竟与当初那些经过深思熟虑的回答如此吻合。

练习步骤如下。

- 一日蓝图：描述你理想的完美一天。
- 七日周期：规划你理想的完整一周。
- 月度框架：构建你理想的充实一月。
- 年度愿景：展望你理想的丰收一年。

在实践"理想日常"练习时，请务必先深入思考并完整回答一个问题后，再继续下一个。该练习之所以如此富有成效，是因为它既能促使我们勇敢接纳内心真正的渴望，明确自己真正想要的生活方式，又能让我们客观评估现状与理想生活之间的差距，无论是理想中的某一天、某一周、某一个月，还是某一年。

当你描绘理想中的一天时，就如同在沙滩上立下界桩。一旦清晰勾勒出完美一天的图景，就必须据此规划理想的一周，确保这样的日子成为常态，进而层层推进。若你正迷茫于人生方向或职业规划，好高骛远反而会成为陷阱。而从规

第十一章 效能升级：从时间奴隶到能量主宰

划一个理想日入手，恰是厘清时间诉求的可控之道。

母职季、事业季，晒晒你的年度设计

罗妮·迪克森·斯图尔特（Ronnie Dickerson Stewart）是一位企业教练，曾在广告、媒体和科技领域深耕近二十载，屡获殊荣。她一路晋升至美国企业高管层，后经历转型过渡期，最终在怀第三胎时选择退出。2016年创立优启教练公司（OhHeyCoach），如今为广告、媒体、营销、公关、品牌与科技领域的跨界领导者提供赋能，以全新视角、实用工具和颠覆性指导，帮助他们按照自主意愿而非外界标准规划职业与人生。

"数十年职场生涯让我明白，人的确可以成就诸多事业，但不可能面面俱到，"斯图尔特坦言，"倘若你试图以相同的精力和速度去应对所有事务，往往会陷入深深的挫败感之中。"

在她的成长过程里，母亲为家庭精心设计工作节奏和日程安排的举动深深触动了她。她的母亲身处高风险岗位，然而每年都会在12月暂停工作一个月，之后更是提前退休，开启了惬意的休闲时光。"我总记得每到12月，她就完全脱离工作，全身心投入亲子时光，带我们真切感受这个季节的美好。"斯图尔特回忆道。

斯图尔特坦言，尽管12月总是充斥着节日的忙碌喧嚣，但母亲每年此时雷打不动的休假传递了一个深刻的生活哲学：人生需要有休憩的季节，工作与生活完全可以按照自身需求来规划。"对她而言，这意味着在其他季节加班加点，以换取这个季节的全然放松。"

斯图尔特表示，由于她所在的行业在第四季度（Q4）对每个人都至关重要，她过去常常在这一季度被工作拉扯得精疲力竭。"所有人都在为年度目标冲刺，紧接着又要马不停蹄地制订新年计划、复盘业绩。很多时候，你的生计、客户关系都取决于这段时间的投入程度，"她解释道，"这本身无可厚非，只是我清楚地意识到，现阶段这样的节奏不再适合我。"

斯图尔特在构建她的教练公司时，将客户合约与服务承诺如同交响乐般精心编排，以此确保自己能获得明确的休整期。"我在第四季度不接客户委托项目，"斯图尔特说，"虽然有几个，但这不是100%状态的我，现在的我大概只有30%的投入度，甚至在工作积极性方面可能只有20%。"

相反，她选择将第四季度重新定义为情感深耕期：专注维系现有情谊，播种新的关系种子，真诚表达感恩之情。这段时间里，她刻意安排与客户面对面的深度交流，让岁末自然成为联结家人与事业的温暖时光。

过去两年，这套新作息经历了现实检验。产后第一年，她特意缩减季度工作量，想验证这种张弛有度的节奏能否成

第十一章 效能升级：从时间奴隶到能量主宰

为可持续的工作模式。"在规划全年工作时，我对时间分配进行了精细设计。"她分享道。具体而言，她将业务安排设计成第四季度轻缓、其他时段紧凑的韵律，确保即使在财务层面，现金流和运营也能保持稳健运转。

尝到第四季度休整的甜头后，斯图尔特开始尝试放慢夏季节奏，以照顾三个学龄期孩子的家庭生活。她希望全程参与学期末的忙碌，为确保全家人能就暑假出游计划达成一致。

然而，就在斯图尔特准备放慢夏季节奏时，弟弟的突然离世迫使她不得不重新调整生活策略。在悲痛中，她必须重新思考：我想要怎样的工作状态？我能承担多少工作量？如何获得事业上的支持？

"悲伤永远无法真正跨越，它已成为生命的一部分。但在这个逐渐走出的阶段，我明白了完全可以为孩子放暑假的夏季和寒假都调低工作强度。"她说道。

体验过节奏调整的成效后，她如今将每年规划为七个月高强度工作期和五个月低强度工作期。她也与企业客户探讨如何将这种理念应用到他们的工作中，只要他们对时间有自主权。"我的客户多是资深高管，也拥有时间自主权，"斯图尔特指出，"只是他们往往意识不到这一点。"

她帮助客户重新调配时间以适应现实生活，并认为这对大多数职场人都适用。可能是某些季节放慢节奏，或是调整客户工作的分布时段：某一季侧重授权，某一季自然想要更活跃，又或某一季选择收缩战线。

"你依然在创造价值，但完全可以重新设计你的领导方式，就像我这样，在不同的节奏与季节中施展才华、绽放光芒，"她说道，"同时不会在工作中耗尽自我，因为你留出了调整空间，来适应生活方式的更大需求。"

当斯图尔特开始有意识地重构她的工作与时间管理方式时，生活中的变数迫使她在悲伤中寻找平衡。大多数人并未刻意规划如何应对生活的意外，但若他们这么做，就会发现这套"未雨绸缪"的方案无论危机与否都能带来全面提升。

斯图尔特建议职场人审视行业的季节特性：明确业务高峰期、管理层参与时段、重点工作优先级阶段，以及预算调整期。何时是淡季？何时会自然放缓？如何据此规划工作？"这是我在行业深耕多年的心得。我的做法是让工作节奏不完全匹配广告业的季节性波动，而是与之形成动态呼应。"

优化能量分配

尽管受到诸多外界因素的影响，你的时间终究属于你自己。对于如何度过构成生命的每一小时，你始终拥有话语权。当你通过提升效率节省出时间后，请将部分时间回馈给你自己，投入那些能为你充电赋能的活动和关系中。具体来说，就是把时间分配给两类关键要素：能量补给型活动和能量补给型关系。

优先安排能量补给型活动

前文我们探讨过能为你注入能量的工作，在第十三章我将进一步分享能为你补充能量的人际关系。如果我们认同有意义的工作和爱好能带来活力，如果认可生活中某些人能够激发能量，同时也承认在职业倦怠时我们处于能量赤字状态，那么优先关注那些能为能量箱加油的事物和人就变得理所应当。

若要打破"能量耗尽"的恶性循环，这种思维转变至关重要。请始终牢记：机械思维从不考量你的人性需求，毕竟机器运转无须能量补给。但你并非机器，而是需要特定的"养分组合"才能全情投入的血肉之躯与精神存在。无论你的专属养分是什么（可回顾第八章"心田轮耕法"的内容），请务必优先供给这些养分，因为这才是你焕发新生的关键所在。

把重要的事钉在日历上

正如你需要严格把控他人对你日程的访问权限，若想确保真正重要的事项得以落实，就必须主动提前将它们安排进你的日程表。

这是对你的能量补给型活动、工作及能量补给型关系的延伸管理。既然摆脱职业倦怠需要能量储备,你就必须确保为那些能为你注入活力的事物预留时间和空间!

你需要提前规划那些能为你补充能量的事项。这可能意味着:如果你的职业圈层对你很重要,但你却没有得到足够的关注,那么可以计划每季度与你的行业同行聚会一次。如果你发现每周参加一次瑜伽课能让你保持平衡,那么就去报名并付费参加。不要再将那些帮助你展现最佳状态的事当作可有可无的消遣活动。如果你想要终结长期倦怠,重获生活平衡,这些事就应该成为你优先处理的重点。

请务必在每日伊始优先"自我蓄能",即"先充电后放电",先处理那些能产生能量的活动,再去应对可能消耗你的任务。

事实上,本书前面提到的几位经历职业倦怠循环的受访者都表示,在到了崩溃临界点后,他们首先调整的就是晨间作息。他们明确了清晨需要哪些活动才能达到最佳状态,并据此重新规划了工作日安排。

有人坚持上午不安排任何会议,只为享受自然时光或静心冥想;也有人选择在下午接诊前,专门留出时间处理既充满意义又能点燃热情的个人项目。或许你无法完全自主地将工作时间推迟到中午开始,但只要你能明确"成就最佳自我"的真正需求,并为此在一天伊始优先安排 30 分钟的专属时间,我确信你将迎来显著的蜕变。

第十一章　效能升级：从时间奴隶到能量主宰

当你以安顿身心开启晨间仪式，待全然准备好后再处理待办事项，以这般将自我需求置于首位的方式来规划时间，你的效率必将显著提升。

锁定你的能量补给型活动：续航个人目标的能量密钥

让我们沉心自省，跟随情绪的指引找到你的能量源：细细体察生活中缺失的部分，当回想那些你"一直想做却未得空完成"的事时，留意心头涌动的强烈渴望。

- 你因错过什么而感到愧疚？
- 你因无法做什么而感到愤懑？
- 你会因为见不到谁而感到难过？又是谁因为你的工作安排而总是无法相见？

一旦明确缺失的部分，就为每件事预留专属时间并列入日程。可以从以下这些开始：每周安排一次（比如瑜伽课）；每月计划一次（比如约会之夜）；每季度进行一次（比如参加行业交流会）；每年完成一次（比如与挚爱一起度假）。

请与相关方协调后，将这些优先事项明确列入你的日程表。

善用你应享的时光

阿米拉·巴杰（Amira Barger）是一家全球传播机构的副总裁。她非常重视使用带薪休假，每月都会选定一个星期一作为"心理健康日"，提醒自己充电重启。

"我从 2019 年疫情前就开始践行'周一心晴计划'。当时我每周都要乘飞机出差，作为有飞行焦虑的人，我需要通过固定仪式获得安定感。同时我也想'清空带薪假额度'，确保这些应得的假期真正用于自己，而不是变相'回馈'给公司。"她解释道。

巴杰指出，太多职场人浪费了带薪休假的机会，而她不愿成为其中一员。为此她坚持每年清零休假余额，主要是强迫自己休息。这些日子她通常用来补觉，或是去临水的国家公园。

若你还有未使用的带薪假，是什么阻碍了你充分享受这份福利？如何才能像巴杰那样，更有意识地规划，逐年提高休假使用率？

打造个人休憩文化，设计职业空窗期

作为财务治疗师的史蒂文·休斯（Steven Hughes）坦言，过去两年彻底改变了他的工作哲学，如今他总会在日程表上提前规划好休憩时间。

第十一章 效能升级：从时间奴隶到能量主宰

"疫情后，我调整了工作方式以确保最佳状态。从前我只知道埋头苦干，现在我会优先考虑如何保持最佳身心状态，以最高水准为客户创造价值。事实证明，当我摆脱过度劳累和压力时，工作成效最稳定。心理健康日让我成为更高效的专业人士。"

休斯的秘密监督员是他的姐姐，一位心理健康倡导者。"她总催促我多休假。"休斯笑着说。有段时间他的事业迎来爆发，演讲邀约和新客户纷至沓来。面对甜蜜的负担，他出人意料地选择按下暂停键："为了避免被机会淹没，我休了一周长假。现在这已成为每季度的固定仪式。"

或许你无法做到每季度完整休假一周，但完全可以打造适合自己的休憩模式。核心在于培养将调休充电置于优先级的个人习惯：每月安排半天休整日？或是每周选一个早晨延迟到岗？你不妨静心思考：怎样的休憩安排最能让你重焕活力，又最契合你的工作生活步调？现在就开始尝试调整你的作息节奏吧。

核心洞见

- 要彻底摆脱机械思维模式，就必须停止忽视自身需求，开始倾听身体、心智和情感的呼唤。这意味着你必须有意识地规划时间分配，因为总有人想按照他们自己的利益来支配你的时间。

- 休假、带薪假期、心理健康日和职业空窗期绝非奢侈，而是让生命得以完成"冬季必修课"的必要存在。记住，唯有学会蛰伏，才能在人生的其他季节厚积薄发。
- 当你为滋养身心的关系与活动（比如定期锻炼、兴趣爱好、朋友交往）留出时间，就是为自己储备走出倦怠所需的能量。
- 当你决定以新的方式支配时间，可能需要捍卫自己的新选择和边界。准备好应对那些支持和反对的声音。
- 重掌时间节奏，就是为自己充电赋能。

The Rest Revolution

12

第十二章

**场域赋能：
休憩空间的重启与调谐**

重获身心平衡、缓解能量消耗型摩擦的第四条路径，是调整神经系统的输入信号，这需要从三个维度着手：聚焦感官体验、优化所处空间和校准场所感知。

实现这种自我调适的方式因人而异，但通常包含以下行动。

- 重新亲近自然，因为地球是你的家。规划"数字斋戒"时间，用自然时光替代屏幕时间，让绿意滋养取代电子消耗。
- 刻意经营感官体验，重获其疗愈力量。通过日常修习，寻回内心深处的宁静。
- 减少杂物，简化生活空间。

回归本心、尊重人性需求，意味着你需要承认自己并非机器。当你放慢脚步，倾听内心的声音，给予自己关怀时，你便能更清晰地洞察到自己茁壮成长所需的一切，让自己重新回归到身心一致、内外和谐的状态。

第十二章 场域赋能：休憩空间的重启与调谐

在为本书进行采访的过程中，有一个词反复从我采访的对象口中蹦出——"神经系统"。每个经历过倦怠（哪怕是暂时性倦怠）并最终走出阴霾的人，都提到了他们的神经系统发生的显著变化。

当斯泰西·弗格森离开公司，给自己放慢节奏的机会，与老友重聚、四处旅行时，她感觉自己的神经系统开始重启。

洛蕾尔·汤普森·佩顿告别了记者高强度的工作节奏后，发现自己的焦虑减轻了。"我不知道自由职业是否适合我一辈子，但目前这对我的神经系统是最佳选择，这个阶段我真的特别需要这种状态。"当她向职业教练咨询下一步规划时，教练给出的建议非常简单：和朋友喝喝咖啡，恢复晨练习惯。"说白了，她就是在叫我消停会儿。她说我需要按下暂停键，倦怠不可能一夜之间就恢复。"这番话正是佩顿需要听到的，用她自己的话说，她属于那种特别争强好胜的事业型人格。

麦蕾克·蒂莱表示："我一直有健身的习惯，但以前锻炼完就得赶回办公桌前参加晨会。现在我可以晚点儿去健身房，早晨能陪孩子们多玩一会儿，有时还给他们做早餐。健身、阅读、录制播客都能从容进行，整个人松弛多了。我的神经系统大概处于平静状态。我依然在工作，为另一家公司做些事情，也提供育儿领域的播客咨询。我觉得这部分很有趣，因为正是我热爱的领域。"

▎倦怠如何影响你的神经系统

阿扎·奥尔索普（Aza Allsop）博士是耶鲁大学医学院的神经科学家和精神科医生，研究声音对神经系统的影响。他告诉我，倦怠本质上是一种神经系统问题。

"大多数受倦怠困扰的人，交感神经系统都过度活跃。他们长期处于高压状态，几乎没有时间休息和恢复，而这正是副交感神经系统该发挥作用的时候。"他解释道，"因此，当你观察焦虑症甚至痴呆症等病症时，你会发现自主神经系统的这种失调。"

我自己也隐约察觉到神经系统有些不对劲。在倦怠最严重的那段日子，我变得异常烦躁，感官总是过度敏感。但奇怪的是，当我在凌晨三点钟被新生儿吵醒，哄睡孩子后却会独自醒着。我发觉，黎明时分的这份宁静与无扰，恰是最好的疗愈。

▎善用感官的力量：声音的疗愈作用

原来我们每时每刻都在处理海量的感官信息！对我来说，视觉、听觉、嗅觉等各种感官刺激的持续交锋总让我如

第十二章 场域赋能：休憩空间的重启与调谐

坐针毡。更不用说每天还要处理七万多个念头，我的大脑和神经系统简直像被油炸过一样。这就像一台同时运行太多程序的电脑，或是内存严重不足的系统。当电脑开始发烫、风扇嗡嗡作响时，你就知道大事不妙了：运行速度变慢，程序频频闪退。这正是我经历倦怠时的感官写照。工作与家庭的责任越重，我需要的静默时刻就越多。

不过很快我就意识到，24 小时保持绝对静默并不现实，于是开始探索如何在日常工作中创造静心时刻。首先，我更有意识地坚持写日记。虽然从青少年时期就养成了写日记的习惯，但现在我会固定在清晨开工前预留至少 30 分钟，雷打不动地记录思绪。这个方法效果显著。

初次邂逅颂钵是在朋友家中。当时只觉得这些铜钵有趣，发出的声音悦耳，便网购了一套让孩子们偶尔敲着玩。那时纯粹出于好奇，并未将"声音浴"纳入日常生活。直到某天在我常听的播客里，听到声音治疗师莎拉·奥斯特（Sara Auster）谈论声音疗愈的神奇功效，才萌生了系统尝试的念头。

奥斯特官网这样定义声音浴："这是一种沉浸式的全身心聆听体验，通过特定声波引发温和而深层的疗愈过程，滋养身心。体验者通常以躺卧姿势开始，盖着毯子戴上眼罩，经过简短呼吸引导后，便会陆续听到各种乐器发出的声波，包括音叉、铜锣、印度风琴、喜马拉雅颂钵、水晶钵、风铃和人声吟唱。"

我将奥斯特设计的 20 分钟声音浴加入晨间日记前的固定流程。那些音波创造出的静谧感能在体内驻留良久,堪称"无须冥想的冥想",我可以专注聆听耳畔的音波,而不必苛求脑海完全放空。

奥尔索普博士在相关研究中发现,声波能直接影响人的情绪状态。他期待有朝一日能够将特定的音乐和歌单作为正式的医疗处方用于临床治疗。尽管相关研究尚处于萌芽阶段,但已有证据表明,无论是音乐疗法、双耳节拍还是声音浴,确实具有疗愈价值。

奥尔索普博士坦言:"我确实认为声音浴具有疗愈效果,特别是当引导者经验丰富时。"尽管目前缺乏严格的随机对照试验研究,实证依据尚不充分,但基于现有声学原理和大量使用者的主观反馈,他认为这种疗法确实能成为有效的康复辅助手段。

"这种疗法的核心理念,是通过在特定情境中运用精确调谐的声频与音色,引导人们进入更深层的放松状态,"他向我解释道,"从而激活副交感神经系统,这本身就是人体与生俱来的休憩、修复与自愈机制。"

或许你对声音浴仍持保留态度,但其实你早已在不知不觉中运用声音调节神经系统。比如,我自己就会在长途驾驶时播放动感音乐来提神。奥尔索普指出,快节奏音乐能够激

第十二章 场域赋能：休憩空间的重启与调谐

活交感神经系统，从而提升人的运动表现或帮助完成其他高强度的体力活动。

"研究证实，音乐能让人延长锻炼的时间并举起更重的重量，因为它能激活交感神经系统，"他说道，"这也解释了为何军队常用战鼓阵列来激发士兵的战斗状态。"

既然我们早已借助声音来提神或静心，那么，合理运用声波来疗愈身心、缓解压力和提升整体健康水平，也就顺理成章了。

"声音与人体在多个层面上产生着精妙的互动，"他解释道，"我们的听觉系统在处理声音信息时，会将其整合到大脑的不同神经网络中，而这些网络掌管着奖赏反馈、社交信息处理等重要功能。以伏隔核为例，它在接收音乐刺激时会释放多巴胺，这种神经递质既带来即时愉悦感，又触发大脑的奖赏效应。"

"鉴于音乐具有沟通交流的特性，它常被视作一种语言。"音乐家们（尤其是爵士乐手）常将音乐比作语言，通过特定的和弦、乐句编排和节奏传递独特信息。奥尔索普博士解释道："若能以恰当的节奏和时机奏响正确的和弦，就能激活特定的脑波频率。"

音乐的关键效用之一，在于其能够整合中枢神经系统与周围神经系统。"比如，音乐可以直接增强副交感神经活性，从而降低心率并减少某些压力激素的释放，"奥尔索普解释道，"它还能作用于下丘脑，抑制下丘脑 – 垂体 – 肾上腺轴的活动，进而减少皮质醇分泌——这对调节人体应激反应具有重要作用。"

换言之，恰当的声波能引发体内的良性改变，随着时间的推移，可成为调节神经系统的有效干预手段。

制订晨间例行程序

凯莱·卡尔（Kailei Carr）通过健康指导服务，帮助女性群体和客户改善身心健康。这一事业的缘起，是她目睹母亲因过度劳累而崩溃的经历。卡尔的母亲曾是企业高管，年复一年反复跳过冬歇季，如同两头燃烧的蜡烛般耗尽自己。这位烟不离手的"夜猫子"常常工作至深夜，每日仅靠不足六小时的睡眠勉强支撑且从不运动。

尽管母亲为人慷慨且极富灵性，但卡尔指出，由于缺乏健康习惯，这些美好品质无法抵消不良生活方式对身体的侵蚀。最终，长期透支的健康状况让母亲在68岁便与世长辞。

如今，卡尔正致力于帮助其他女性探索健康生活方式，以免她们重蹈她母亲的覆辙。2018年偶然实践获得的晨间作息方案，已成为她的健康指导体系中最为核心的干预措施。

在这之前，卡尔受到哈尔·埃尔罗德（Hal Elrod）《奇

第十二章　场域赋能：休憩空间的重启与调谐

迹早晨》（*The Miracle Morning*）一书的启发，开始在脸书（Facebook）上发起这项"晨间仪式"挑战活动。时间追溯到 2014 年年末，卡尔在人生关键阶段发现了这本书。当时她正面临若干重要人生目标，意识到要实现这些理想，就必须彻底改变既往的生活方式。这本书的出现，恰逢其时地成了她转型的关键契机。

连续四年间，卡尔每年 1 月都会带领群组里的 200 多位成员开展为期 30 天的"奇迹晨间法"挑战活动。但在 2018 年，她觉得这项挑战活动没有以前那么奏效了。

卡尔向我解释道："这套六步晨间流程效果不理想，我认为有几个原因。静默冥想、积极宣言、愿景显化、体能锻炼、阅读学习和日志书写（或称速记），每个环节本身都很完善，但整体缺乏对'操作目的'和'步骤次序'的刻意设计。"

她坦言，坚持《奇迹早晨》一书中的"奇迹晨间法"流程每天要花费约 1 小时，对于需要照顾幼子的创业者来说实在难以持续。于是她着手改良，最终创立了"CLAAIM"法则，包含六个模块：静心凝神（calm your mind）、能量提升（lift your energy）、感恩练习（appreciate）、自我肯定（affirm）、目标设定（intention）和行动落实（manifest）。

这一创新理念的灵感萌芽，恰逢她主持年度"元月晨习挑战"活动之际。卡尔当即决定调整方案,并向群组成员说明:大家可以保持原方案,但她将采用更适配自身作息的新体系。

"每个环节都承前启后,"她详解道,"字母'C'代表静心凝神,可以通过简单的正念呼吸练习实现——专注感受气息进出,让意识回归内在平衡。"

字母"L"代表能量提升,将自身能量频率提升至"显化临界点"。她建议回忆那些全情投入的巅峰时刻,比如她常想起女儿的笑脸或婚礼当日的场景。因为从神经科学角度,我们的身体和大脑无法准确区分想象情境与实际体验之间的差异。

第一个字母"A"代表感恩,第二个字母"A"代表自我肯定。"大量科学研究证实了感恩的益处与力量,"她强调,"感恩是一种高频振动的心灵练习。这种感恩练习能通过回想生活中值得感恩的点点滴滴,进一步巩固你的能量状态,在原有能量提升的基础上产生叠加效应。"

她还特别说明,"自我肯定"并非只是空泛地自我赞美(比如宣称自己多么出色),"更重要的是认可我的天赋、自我本质、存在意义和人生目标"。

字母"I"代表目标设定。你今天的目标是什么?她解释道:"我会想象自己晚上把头靠在枕头上的情景,思考当天希望获得怎样的感受。我规划了哪些事项?对每件事期待

第十二章 场域赋能：休憩空间的重启与调谐

的理想结果是什么？"

最后的字母"M"代表行动落实。她有一段 8 分钟内的引导冥想，但现已无须收听，因为整个流程已内化。这套晨间仪式全程约 5 分钟，均在起床前完成。

将"奇迹晨间法"调整为"CLAAIM"法则后，卡尔从疲于应对转为从容掌控。"这样的调整更契合我现阶段的生活节奏和人生状态，既实际又可持续，"她分享道，"让我真切感受到：这次一定能坚持下来。"

她至今仍推崇"奇迹晨间法"，也常向他人推荐。只是日复一日，这渐渐成了例行公事，而非令人焕发活力的晨间修行。"它不再如初见时那般赋予我能量与成就感，我只是机械地做着晨课，初心已逝。而'CLAAIM'法则真正让我重获新生。"

直到新冠疫情期间，她才真切体会到"CLAAIM"法则带给生活的改变。那是 2021 年秋天，女儿刚上幼儿园那阵子。有天一大早，小家伙都跑到床边嚷嚷着要上学了，她还昏昏沉沉地窝在被子里。

她回忆道："那天实在太累了，我迷迷糊糊按掉闹钟勉强爬起来，完全忘了践行'CLAAIM'法则，自己却浑然不觉。我只顾着准备送女儿上学，整个人都不在状态。记得当时手忙脚乱地收拾东西。学校要求戴口罩，我们又急忙跑回去取口罩。等开车上路了，才打电话问丈夫是不是把点心落在厨房的料理台上了。他反问我'你今天怎么回事',我才猛然反应过来:天呐,今天没践行'CLAAIM'法则!直到亲身体验这兵荒马乱的一早上,我才明白这个晨间仪式对我有多么重要。"

卡尔这才意识到,原来自以为的游刃有余,其实全靠这个晨间仪式在背后支撑。

冥想修行记

法伊达·富勒(Faida Fuller)自称是一个内向的人。作为首席运营官,她习惯于在幕后默默耕耘,确保整个机构的顺利运转。这个远离聚光灯的角色正合她意。但随着职位的晋升,她逐渐意识到,领导力要求她必须更多地走到台前。

"随着职位的晋升,我不得不学会在各种不适的场合中,仍能找回从容自若的状态。"富勒坦言。为了应对工作压力,她找到了解决之道,即通过冥想练习来安定心神。

十二三岁时,富勒的母亲曾提议一起练习冥想。"母亲试图教我冥想的方法,我只依稀记得自己敷衍了事,"富勒回忆道,"虽然当时未能坚持,但冥想的种子在心中已然播下。"

二十多岁时,富勒在压力重重的纽约商业银行任职,期

第十二章 场域赋能：休憩空间的重启与调谐

间遭遇职场不当行为。当时，初入职场的她感到无力举报，也不愿惹是生非，但每天应对这种处境，让她的高压生活雪上加霜。

她强忍不适坚持工作，直到某个深夜，加班结束的她突然出现惊恐发作。"那天忙到很晚，我还清楚地记得当时的反应：天啊，这是惊恐发作！那一刻我意识到必须做出改变。后来，我参加了一个三天的冥想课程，并开始实践所学，这对我非常有帮助，也十分实用。"

尽管未能长期坚持冥想练习，但富勒坦言这段经历确实帮助自己度过了人生低谷。此后，每当工作或生活中遭遇重大压力时，她都会借助冥想来调节情绪。

然而，在纽约银行业这个高压且男性主导的竞争环境中，她最终还是不堪重负。身体频频亮起红灯：胃部痉挛疼痛，进食后呕吐不止。"医生确诊我患上压力引起的溃疡性结肠炎，"富勒坦言，"不得不开始依赖类固醇等药物治疗。"

正是这次健康危机，使冥想真正成为富勒的心灵支柱。"我深知必须建立减压机制，否则自己的健康会彻底垮掉。于是，冥想成为我的选择。27岁那年，我决心认真修习冥想，自此始终保持着规律的练习。"

多年来，冥想陪伴富勒度过了结婚、为人母的种种压力，也助力她安然度过数次职业转型。在疫情期间，她更进一步，萌生了将冥想的力量传递给更多人的念头。为此，她专门考取了冥想导师资格。如今，她不仅在任职机构开设健康工作坊传授冥想之道，还为个人客户提供一对一的指导服务。

她说："我渐渐明白，真正平衡内心的自我叙事有多么重要。这让我得以审视社会强加给我的标签，反思亲友、社群灌输的认知，甚至解构那个被自我反复强化的形象。究竟这些叙事定义了我，还是说，在层层故事之下，存在着更本真的自我等待发现？"

富勒指出，通过冥想等静修方式沉淀自我，并将其融入日常生活，将会对你接触的所有人与事产生深远影响。

"作为高管，我以内在的定力参与重大决策，并以这种澄明的状态引领企业动向，从而提升组织的整体效能，"她解释道，"而组织效能的提升又会惠及我们支持的全球女性群体。我的冥想练习正在创造持续扩散的涟漪效应。"

重塑你的生活场域

既然我们深知感官的力量如此强大，何不更用心地营造自己的环境场域呢？

安珀·卡布拉尔，本书开篇介绍的人物，在教母猝然离世的打击下，开始有意识地通过每周固定的疗愈实践来修复

第十二章　场域赋能：休憩空间的重启与调谐

受损的神经系统。在维持企业日常运转的同时，她着手对自己的生活进行全面而细致的改造：重新规划每日作息，安排每周定期的针灸和养生的疗法（这些方式她过去曾断断续续尝试过），并开始用心经营自己的居家环境。

她开始优先考虑那些真正关乎身心安宁的生活细节：坚持选择西向窗景的居所，只为守候每日的落日余晖；必备一方深浸浴缸，让定期沐浴成为疗愈仪式。"在教母离世后，我开始更用心地规划空间功能，更考究地布置居所装饰，"她说道，"这让我真正明白了理想之家该有的模样与温度。"

于是，她着手打造理想中的家，精心制订了健身计划：每两周接受一次针灸治疗，每周体验一次养生的疗法。她还将"健康、休憩与身心平衡"纳入公司核心价值观。作为企业家，她认为这些价值观不仅要体现在个人生活中，更要贯穿于客户交往中，因为工作本就是她生命的延伸。

"既然选择驻足此地，这片天地就该与我的信念共鸣，"她坚定地说，"作为企业的掌舵人，我更要确保这些价值观如血脉般贯通每个角落。"

重拾大自然之韵

和安珀一样，我精心改造了家中的某些角落，试图满足感官需求。但最终我发现，最完美的疗愈场其实是一片葱郁的森林。

在我经历最严重的职业倦怠时,我对声音异常敏感。出门时必戴降噪耳机,要么听舒缓的音乐,要么沉浸在播客中,有时干脆享受一场声音浴——唯有这样,紧绷的神经系统才能得到片刻的喘息。

然而,在森林里,我的耳机毫无用武之地。鸟鸣、树涛与自然的万籁交织成的白噪音,成了治愈倦怠的最佳良药。

20世纪80年代末到90年代初,我在田纳西州纳什维尔长大。至今,我仍清晰记得每月与母亲和兄长深入森林徒步的时光。那时,我未曾察觉到纳什维尔地区竟藏着如此丰沛的自然馈赠:州立公园星罗棋布,湖泊、森林与山峦皆在车程可达之处。

如今身为人母,我常带着孩子去岩溪公园探秘,天气晴好时也会独自潜入林中消磨数个小时。恍然惊觉,这份对森林的依恋与对大自然的渴求,原是母亲埋下的种子。而她的这份热爱,又承袭自她的家族。

若要说我童年最珍贵的礼物,莫过于在美国南部的夏日记忆。从两岁起,父母每年夏天都会把我和哥哥送到佐治亚州南部的一个小镇,与外祖父母同住。

那些夏日的悠闲时光,在不知不觉中给了我最珍贵的自然启蒙。后院那棵被明令禁止攀爬的无花果树,却总引诱着我们偷偷攀上枝头;外祖父菜园里新鲜的番茄和秋葵,比街

第十二章 场域赋能：休憩空间的重启与调谐

角超市里的任何果蔬都要清甜可口。直到多年以后，我才真正懂得佐治亚州夏日所蕴含的丰饶馈赠。父亲曾告诉我：若你静静伫立在松林中央，轻轻闭上双眼，松针间穿行的风会奇妙地化作海浪的韵律。这让我明白，在城市之外，还存在着一个更广阔的世界。

在大自然中，我对森林情有独钟。定期沉浸林间已成为自我滋养的必要条件。尽管我在美国南方长大，与自然朝夕相处，但直到疫情前夕，我开始坚持森林徒步与森林浴，才真正意识到自己对这份绿意的依赖。

我最钟爱的那条林间小径就在孩子们曾经就读的学校附近。每天开车送他们上学时，我索性将这段路程延伸，让每日的森林漫步成为接送途中最好的犒赏。

令我意想不到的是，那些在每日散步中认识的树木，竟渐渐成为我心灵的依靠。它们如挚友般抚慰着我，在枝叶婆娑间为我辟出一方净土，让我得以沉淀生活中的种种困惑与挑战。从深秋到隆冬，即便积雪覆径，我仍虔诚地赴这场与森林的约定。当寒冬使小径日渐寂寥，枯枝间只剩下我与零星几位同好仍每日造访时，心头竟会掠过一丝隐秘的欣慰。

疫情来袭，孩子们转为线上上课，我再也无须每日穿城而过，却也意外失去了与那片森林的日常之约。天知道，我有多想念我的"树友们"！终于有一天，我带着儿子们外出透气，趁他们玩耍时独自重返森林。漫步在熟悉的林间，我甚至忍不住猜想：这些树木是否也在思念着我？那年的蝉鸣格外嘹亮，仿佛在用一场特别的交响乐欢迎我的归来。那一刻，我才真切地明白，森林徒步对我何其重要！毕竟，徜徉在大自然的时光（即"生态疗愈"），本就是治愈身心倦怠的一剂良方。

"生态疗愈"是一个统称，指通过接触自然环境来促进心理健康的各类疗法与活动。科学研究表明，即便没有医生指导，单纯接触大自然也能带来减压、抗焦虑、提升幸福感的效果。

大自然是值得我们珍视的馈赠，它本身就是一种治愈之源。它如同为我们的神经系统"账户"持续注资，既扩大了抗压空间，又提升了应对能力。

然而，与自然对话只是重置神经系统的途径之一。我始终坚信，每个人都该找到适合自己的静心之道。对我丈夫来说，戴着耳机进行高强度训练是他的理想选择；对我来说，一场声音浴后的林间漫步便是人间至乐；而我的母亲则通过每日60分钟的瑜伽课程和园艺劳作来保持神经系统的平衡。

练习呼吸法

我们每个人都拥有一个强大的静心工具——呼吸，但却常常未能充分运用它。基莎·约克斯（Kiesha Yokers）是

第十二章 场域赋能：休憩空间的重启与调谐

一位专注于呼吸法的身心教练，她通过呼吸练习帮助客户疗愈创伤。

她指出，呼吸练习对身心皆有裨益。深呼吸能为大脑和其他器官充氧，即刻产生镇静或提神的效果。无论你面临何种困扰，都有相应的呼吸练习法可以应对。

"你若需提振精神，有些呼吸技巧能让身体充满能量；你若难以入眠，另一些技巧能帮助神经系统切换至副交感神经主导状态。"

约克斯表示，从头痛到焦虑，呼吸法都能应对。这个免费的工具人人可得，但多数人并未善加利用。如同声音浴，呼吸练习能安抚神经系统，长期坚持更能提升抗压能力和整体应对力。像体育锻炼一样定期练习，益处会持续累积。

将呼吸法融入日常的关键是循序渐进。鉴于并非人人都有同等机会享受安宁，初期只需练习几分钟，强行延长反而可能加剧焦虑。

对于初学者，约克斯建议从五分钟以内的练习开始。"我们都很忙，不想让这变成另一种负担。最佳的练习时间可能是早晨刚醒时、晚上临睡前，或者你可以设个闹钟提醒自己。只需三到五分钟的缓慢呼吸，就能带来改变。如果记不住复杂的技巧，只要记住：用鼻子呼吸，缓慢深沉地让气息抵达腹部。"

约克斯强调要从觉察呼吸入手："先观察自己当下的呼

吸模式,然后切换到鼻呼吸,再尝试将气息深深送入腹部。刻意延长呼气时间(比吸气更慢),能有效平缓心率。"

对于重度抑郁或行动力低下的人群,她建议从更易激活身体的方式入手,比如每天短暂散步(哪怕只有两分钟),在安全的范围内唤醒身体机能。阳光和肢体活动至关重要。

为了应对压力和职业倦怠,约克斯推荐"箱式呼吸法"这类简单易行的技巧。具体操作是:"用鼻子吸气四秒,屏息四秒,呼气四秒,再屏息四秒。"这种呼吸训练法是美国海豹突击队在执行任务时用来稳定心率的秘技,效果极为显著。而现在,你也可以掌握这项特种部队同款的镇静术。

尽可能为自己打造一个专属的呼吸练习空间。"我的秘密基地是衣橱,"约克斯分享道,"我最爱躲进衣帽间,那是唯一能让我彻底与世隔绝的方寸天地。我就这么席地而坐,虽然备着专门的冥想坐垫,但从不点蜡烛,那些花哨的仪式终究不是我的风格。衣帽间里透着丝丝凉意,我喜欢那种惬意的感觉。铺好垫子盘腿坐下,五分钟的光景,惟余呼吸。"

呼吸练习后简单记录心得颇有益处。尽管约克斯自称不爱写日记,但她仍会花一分钟速记思绪,这不仅能帮助她更好地关注自身状态,还能让她更加留意身体所发出的信号。

呼吸法如此强大且人人可习,约克斯甚至将它教给了自己的孩子。"孩子们掌握了多种呼吸技巧,这让他们学会觉察自身状态,"她说道,"我七岁和九岁的孩子会主动说'我现在处于焦虑状态',并懂得用呼吸法来调整。"

从微小处开始,循序渐进,任何人都能将呼吸法融入日常生活,借助这个强大的工具提升整体健康水平,增强抗压韧性。

整理心灵,回归宁静

一个周日的清晨,我静坐在华盛顿特区东北角一栋简朴砖房的白墙房间里,壁炉中的柴火噼啪作响。前夜的积雪为大地铺上了一层白毯,四周静谧而美好。

我们几位女性受邀参加一场"集体休憩"活动。

走进屋内,我脱下鞋子和外套,开始寻找一个可以安顿下来的舒适角落。最终,我在壁炉正前方的沙发一角觅得理想的位置,便安心地坐了下来。

接下来的60分钟里,我一边沉浸在舒缓的音乐中,一边将一周的经历倾注于日记本上。尽管丈夫和孩子都在城里活动,但不知为何,家中总让我无法真正放松。而这个空间里,却全然没有干扰:一位女士盘腿端坐在地板上,另一位女士坐在扶手椅上不时地在日记本上涂涂写写,还有一位女士裹着毯子安然入睡。

一小时后,三声清越的钟鸣宣告这场静修正式结束。我们围坐一圈,分享各自在静默时光中的心灵触动。

人称"小憩教主"的特丽莎·赫西(Trisha Hersey,其创立的"小憩部"网络社群风靡一时)在疫情期间抚慰了成千上万人的心灵。当世人习惯用工作成果来衡量自我价值时,她反复倡导的"休息权"无疑是一场静默的变革。

赫西向大众传递了一个颠覆性的理念:休憩是人类与生俱来的权利,我们无须通过奋斗来"挣得"休息的资格。她开创性地推广"集体休憩"的概念,并在社交媒体上分享社群活动中集体小憩的动人画面。

正是这种"集体休憩"的理念,激发了伊玛尼·塞缪尔斯创立"HURU 空间",并定期举办这样的社群休憩聚会。参与之初,我对这种集体休息活动充满未知与犹疑,却惊喜地发现——原来与他人共同休憩,竟能产生如此奇妙的能量共振。

但最令我震撼的是塞缪尔斯为小组精心打造的集体休憩空间。当我环视这个陈设极简、毫无干扰的房间时,突然意识到:即便家中空无一人,那些无处不在的心理暗示(比如待办事项的提醒、日渐减少的物资)也会让真正的休息和精神清明变得遥不可及。在家中,我总被未完成的任务"突袭",陷入持续的低强度焦虑:脑中不断罗列清单,清点所剩无几的日用品。这些物品带来的精神消耗,最终让我精疲力竭。

第十二章 场域赋能：休憩空间的重启与调谐

直到置身这个几乎空无一物的空间，我才惊觉：原来我的物品就像过载的宇宙级处理器，不断引发思维过热。当视野中不再有私人物品时，我终于得以"断联"。环顾这个如白纸般纯净的环境，我明显感到双肩自然下垂，这里没有心理暗示、没有待办提醒、没有任何需要处理的额外信息负荷。

极简主义运动日益盛行，它倡导人们通过精简物品来减轻环境负担。此刻我深切体会到：减少周遭物品确实能有效缓解倦怠感。统一着装免去了每日挑选服饰的决策消耗，精选藏书则消除了"下一本读什么"的选择焦虑。

践行极简主义的方式多种多样。鉴于目前正处于养育孩子的繁忙阶段，我尚不敢以极简主义者自居。但每当我置身自然，或身处没有任何个人物品的场所时，总能感到肩头重担明显减轻。或许精简杂物正是为你的心灵腾出喘息空间的关键？

你不妨规划"数字斋戒"时间，定期控制屏幕使用时长。建议将"森林时光"设为替代屏幕时间的固定安排，让葱郁绿意取代电子蓝光。

伏案工作时，我的日常总是如此：平板电脑亮着屏幕查阅资料，双手在台式机上敲打文稿，手机近在咫尺随时查收短信和电子邮件。我绝非个例。进入职场以来，我的屏幕使用时间已然呈现爆发式增长。如今年轻一代的课堂逐渐用电

221

子屏幕取代纸质教材，线上社交更成为他们维系人际的主要方式。

然而，过度使用电子设备可能导致眼疲劳、头痛等健康问题。因此，越来越多的人宣布"社交媒体断舍离"：有人在节日期间断网，也有人制订年度周期性"数字斋戒"与"设备轻断食"计划。

或许是因为我亲身体验过大自然强大的治愈力，所以只要有机会，我就会将屏幕时间替换为森林时光，为神经系统"充电蓄能"。研究表明，户外活动能减压提神，还能改善整体健康。因此，只要能暂别电子设备投入自然怀抱，我都会这样做。

源自日本的"森林浴"实践证实，沉浸在森林环境能给人带来诸多健康益处，比如降低血压、减少压力激素、增强免疫系统等。

因此，我建议你从规划"无屏时刻"开始尝试：初期可设定睡前一小时禁用电子设备，逐步过渡到每周抽出一整天的离线时间。将这些时间转化为公园漫步、森林徒步或户外静坐等绿色活动。

尽管我身处繁华都市，无法常赴山林，但我还是在屋后辟出一方绿意天地：风铃悬于檐下，微风过处，便是古朴的声音浴；露台边青草如茵，几株树木招引松鼠和雀鸟。居家办公时，我常在午间到这里小憩，听鸟鸣啁啾，感受阳光拂面,顿觉神清气爽。

我想特别说明的是,虽然我更希望能花时间在那条 3000 米长的林间小径徒步,但若只有短短 20 分钟,屋后那一小方青草地也能暂慰我渴慕自然的心。

核心洞见

- 饱受倦怠困扰者通常表现为交感神经过度活跃,这是长期承受巨大压力的结果。
- 疗愈神经系统、摆脱机械思维的最简单方式,就是投入自然的怀抱。大自然对人类具有强大的治愈力,因为我们本就是属于自然的一部分。
- 无论是园艺栽培、冥想修习、声音浴,还是日志书写,静心疗法都是倦怠之后重塑神经节律的重要工具。规律性的静心疗愈既能即时缓解症状,更会随时间推移产生累积效应。
- 呼吸是我们与生俱来的减压良方,随时随地都能安抚紧绷的神经,可惜大多数人未能充分利用这一天然资源。
- 杂乱环境会加重认知负荷,进一步压迫神经系统,加剧疲惫感。正在兴起的极简主义生活方式,或许值得倦怠人士借鉴。

The Rest Revolution

13

第十三章

**重建联结：
建一个社群，赢一生盟友**

重获身心平衡、缓解能量消耗型摩擦的第五条也是终极之道，是人际联结的重建。因为，孤独会消耗你的能量，而人际交往能给你赋能。

重建联结的方式因人而异，但通常包含以下行动。

- 梳理你的人际网络，定位你的能量分布。
- 聚焦高质量社交，重燃那些曾被忽视的能量补给型关系。
- 寻找志同道合的伙伴与社群。
- 建立社交仪式，定期为赋能型关系留出时间。
- 构建支持体系。

满足人类与生俱来的联结需求，是打破机械思维桎梏的又一途径。当你放慢脚步，正视内心的疏离感与孤独感，就能更清晰地辨识自己所需的支持与联结，从而重获身心平衡。

孤独效应：从社交缺失到职业倦怠

维也纳大学的科学家在2023年开展了一项研究，揭示

第十三章　重建联结：建一个社群，赢一生盟友

了孤独感与社交隔离导致疲劳的现象。研究发现，处于社交隔离状态的人会感到异常疲惫和精力枯竭。受试者表示："社交隔离会导致个体的能量活跃度降低和疲劳感加剧，其影响程度与禁食状态相当。社交接触是包括人类在内的许多动物的基本需求，正如身体对营养的需求一样，这一需求可能由特定的'社交稳态'机制来调节。"

研究观察到的能量水平下降表明，疲劳可能是身体对社交缺失的生理反应。这种现象与职业倦怠有何关联？对于那些已经在应对志向偏差、时间管理失当、自我认同危机和神经系统失调等问题的人而言，孤独感可能会将其心理韧性逼至极限。

令人担忧的是，最新数据显示，美国超过半数成年人深受孤独困扰。少数族裔群体、年收入低于 5 万美元者，以及 18~34 岁的年轻成年人群体，其孤独程度更为严重。信诺保险 2021 年年底的专项调查显示，这些群体成员"被社会排斥"的感受发生率显著高于其他人群。

孤独感不存在性别差异，男性与女性的孤独比例基本持平。

尽管多数美国人仍将社会联结视为个人成功与幸福的关键要素，但现实情况不容乐观。皮尤研究中心的数据显示，61% 的美国成年人认为拥有亲密朋友是充实人生的关键，但令人唏嘘的是，40% 的成年人坦言其亲密朋友不足三人。

> 休息革命
> 战胜过度工作的倦怠

我们为何变得如此孤独

美国文化对工作的推崇或许是部分原因。自20世纪50年代起，越来越多的人为追逐职业与教育机会而远离故土。我的父母均出生于1948年，在不足万人的美国南方小镇长大。1966年，他们先后离开家乡前往田纳西州纳什维尔求学，此后便在那里扎根。我虽在纳什维尔成长，却从未体验过祖辈近在咫尺、表亲环绕身旁的那种亲情纽带。

当电视机在20世纪50年代末60年代初首次成为美国家庭的标配时，我们的社交和娱乐方式发生了巨大变化。随着电视的普及，社区集会和俱乐部活动开始减少。越来越多的人通过电视荧屏获取娱乐，也通过这个窗口重新认识世界。

数十年后，数字革命将这一现象推向了极致。如今，我们随身携带智能手机这类微型屏幕，只要愿意，完全可以不与任何人产生真实互动。

当工作与育儿责任吞噬了我们可自由支配的时间，孤独感便愈发深重。随着越来越多人远离故土，散落于不同的城市、州甚至国家，原本由祖辈、叔舅姑姨承担的传统育儿与照料支持体系瓦解，除非建立新的支持网络，否则这些重担将全部落在核心家庭肩上。

这形成了一种恶性循环：我们比以往更忙碌，更需要支

第十三章 重建联结：建一个社群，赢一生盟友

持来维持生活，却苦于抽不出时间维系旧的情谊和建立新的联系，而这恰恰导致我们愈发孤独。

所有这些因素共同加剧了倦怠感。我们的社交需求与现实状况严重脱节，这种所需社交类型与实际获得量之间的失调制造了摩擦，持续消耗着我们的精力，最终为倦怠铺设了道路。

解决孤独（以及社交失调导致的精力耗损）的良方是建立更多联结。但若孤独者众多且人人疲于奔命，我们该从何处着手呢？

人生行至某处，你终会恍然发觉：知己好友或得力同事的数量远未达预期。若深厚情谊对你而言重过万贯家财，那么在迁居异乡、转行换业或旧交渐淡之后，你该如何主动填补情感空缺呢？

社交鸿沟如何让我们陷入孤独困境

2018 年 5 月 7 日，星期一，这一天我永生难忘。那是一个阳光灿烂的美丽日子。完成晨间思考与写作后，我照例前往华盛顿特区郊外的塔科马公园咖啡馆，每周一我都与挚友塔拉在此相聚。那天清晨，我刚给我的邮件订阅者发送了一篇通讯，讲述自己二年级时因"学霸"标签而饱尝的孤独滋味。

驱车赴约途中，塔拉的邮件倏然而至："这简直就该是《天赋赋能计划》的开篇第一章！成人版和儿童版都适用。

字里行间让我眼眶发热,这般滋味我太懂了,相信无数读者都会感同身受!"

当"做自己"被误判为"用力过猛"

走进咖啡馆时,塔拉正在打电话。我照例排队点了一杯欧蕾咖啡,手捧咖啡,我缓步走向她落座的餐桌。她挂断电话,一如既往热情地向我问好。只见她眼睛一亮,嘴角漾起笑意,开口便问我是否收到了她的邮件回复。我点头称是,原以为话题就此打住。

没想到她眼眶微红,动情地谈起读我的文字时的震撼共鸣。作为曾经的天才儿童,她对我在平庸教育环境中的遭遇感同身受。这番真情流露让我有些讶异,毕竟这位前市场总监向来见多识广,鲜少对事物过分夸赞。能获得她如此真挚的褒奖,实属难得。

我细细品味着她的话,思绪不由地飘回我们之前的讨论:关于如何让"天赋赋能计划"这一理念也能惠及孩童,就像我的孩子们在家里随时能与我探讨一样。那年早些时候,当时还在上四年级的儿子康纳写了一篇在我看来相当不错的故事。当我告诉他打算帮他出版时,塔拉是第一个听我谈起这个想法的人。当我问她是否该倾尽所有专业资源帮他和他的书稿绽放光彩时,她毫不犹豫地鼓励我放手去做。当

第十三章　重建联结：建一个社群，赢一生盟友

那本轻薄的平装样书寄到时，她是最早的见证者之一。我至今仍记得当时捧着书页时，那种兴奋中夹杂着忐忑的复杂心情。"可他才九岁啊，"我忍不住说道，"我是不是有点儿用力过猛？"

塔拉却笃定地说，帮一个九岁孩子把故事印成书并在亚马逊上发售，绝非"用力过猛"。她坚信，这将成为点亮他自信与自我认知的第一束光。

关于这本书，她所说的一切都无比正确，就像她一贯的建议那样。那个在咖啡馆，当她给予我肯定时，我认真聆听着。她坚定地说，在这个时代，我的工作比以往任何时候都更不可或缺。她提醒我，那些来自善意的老师或糊涂家长的无心之言，往往能改写你的人生轨迹，动摇你的信心根基，让你陷入永无止境的自我质疑。

将近正午，我们收拾物品，将会议阵地从咖啡馆转移至邻近的餐厅，并点了午餐。下午排满了客户会议，我匆匆吃完便起身告辞，准备找个安静处处理工作。甚至在午餐结束前，我就已经接起了一通电话，于是从餐厅的露天座位起身，示意告别后便向停车场走去。

我全然不知，那竟是我们最后的相见。次日便传来噩耗：在我们分别后的某个时刻，我的挚友已溘然长逝。

她的离去在我生命里留下了一个巨大的空洞，坦白说，至今仍未填平。但我时常忆起我们最后的对话。耳畔仍回

响着她鼓励的声音，让我突破自我设限，勇敢表达想法。她就是那种会直白地告诉你"我为你骄傲"的挚友，她从不嫉妒，更不会让你收敛光芒。她就是那个为你加油打气的人，总是激励你突破极限，放大格局，做更真实的自己。

这样的友谊充满力量。每个人都该拥有一位这样的知己。每个人都该拥有这样一位专属的"人生啦啦队长"，每周都能与之促膝长谈。每个人都该拥有这样一位挚友，他不仅认可你的天赋，更能激发你对自己才华的无限信心。

梳理你的人际网络，定位你的能量分布

正如某些活动能产生帮助我们摆脱倦怠的能量，人际关系同样具有这种力量。我把这类关系称为能量补给型关系。我的朋友就是它的典范，她让我明白了这种关系该有的模样。

你的生活中是否有足够的能量补给型关系？你是否能成为别人的能量补给型关系？请检视你的人际网络：家人、朋友、同事、合作伙伴，找出那些为你赋能的人。和谁交谈会让你兴奋不已，会迫不及待地分享新发现？谁能与你分享最私密的兴趣爱好？

多年前，我曾临时起意，在离闭展不到 24 小时的情况下，从华盛顿特区乘长途巴士赶往纽约，只为赶在大都会艺术博物馆，一睹罗梅尔·比尔登（Romare Bearden）拼贴

画的风采。当我问朋友约翰妮卡是否愿意同行时,她毫不犹豫地答应了。我们度过了一个充满艺术与文化、令人振奋无比的美好日子。

谁会为你的热爱来一场说走就走的旅行?谁能像塔拉那样鼓励你做真实的自己?谁既能真诚倾听,又能给予助你成长的宝贵建议?这些人就是你的能量补给型关系。

一旦确认了你的能量补给型关系,就要确保把大部分时间留给他们。查看你的日程、邮件和短信:在那些你必须负责的人之外,谁占据了你最多的相处与沟通时间?能量补给型关系是否榜上有名?或者你的可自由支配的时间,早已被消耗型关系占据?

若果真如此,是时候重新审视你的人际关系优先级了,你应该把有限的时间和注意力留给真正值得的人。

值得庆幸的是,若你已明了谁能为你充电赋能,只是尚未为其留出时间,那么转变的契机就在眼前。你完全有能力通过调整人际关系来获得更多能量与满足感,关键在于要更主动、更有意识地定期维系这些滋养你的关系。

从执行者到领导者:关键在于构建支持体系

职场精英的社会疏离往往表现为习惯单打独斗而非寻求支持。对弱势群体而言,这既是筑起保护壳的生存策略,更是抵御"德不配位"质疑的防御机制。然而,追求全能全知可能适得其反。

奎安娜·史密斯获得晋升后,工作职责并未发生太大变化,最大的转变在于拥有了一个协助分担工作量的团队。尽管新职位本身配有完善的支持系统,但她坦言需要时间适应这种转变。首先,她必须打破那个通过过度工作和自我消耗来证明价值的旧模式。

"我想我们许多人总下意识地认为,开口求助或显露需求是种示弱的表现。但此刻我幡然醒悟:我需要支持,我来此并非要包揽一切,也并非要成为全能之人,更不必扮演无所不能的'女超人'或世俗定义的'完美上司',这些形象对我毫无吸引力。"

如今的史密斯不仅坦然接受他人支持,更会主动争取支持,具体方式则因势而异。"我以真实的自我为团队树立标杆。作为愿景家、战略者和创新者,我专注把握方向;战略执行,则交由团队各展所长。但我的责任远不止于此,我还要洞悉团队每个人的职业抱负,并助其达成目标。"

如今,她将"能否有效赋能团队成员成长并实现职业目标"作为评判自身领导力的核心标准。她分配任务,不仅是为了减轻自身负担,更是为了让团队成员通过承担责任来树立专业形象,积累职业发展所需的经验和专长。为此,她摒弃了"万事通"的旧模式,转而善用他人专长,主动向各领域专家学习取经。

"我想请你协助完成这个项目,毕竟这是你的专业领域。与其让我这个外行耗费精力研究不熟悉的领域,不如各司其职。坦白说,我连你获取这些信息的具体过程都不感兴趣。"她解释道。

史密斯学会不超负荷工作却能有效领导的关键,在于放下完美主义和对全知全能的执念。"这就是人际关系如此重要的原因,我需要结识各领域的专家。"她说,"我没时间当《大英百科全书》,也没兴趣成为那样的人。因此,我必须善用他人的知识,建立互利共赢的合作关系。"

要接受支持,她最终不得不放下掌控欲。这种"适度放权"反而让她更睿智。"在我看来,这比坐在角落里不懂装懂要明智得多。"史密斯说,"那既浪费你的时间,又消耗所有人的时间。"

优质能量补给型关系清单:最值得你加倍投入的能量补给站

世界卫生组织已将孤独症列为"紧迫的健康威胁",并成立新的委员会推动将社交联结作为全球优先事项。

但孤独问题对不同群体的影响并不均衡。信诺保险与晨间咨询公司(Morning Consult)的联合研究显示,在美国，少数族裔承受着不成比例的孤独感，75%的西班牙裔成年人和68%的非裔美国人被归类为孤独人群，而总人口中这一比例为58%。

克里斯蒂娜·里克斯·坎蒂（Christina Ricks Canty）的母亲总爱讲述往昔的感恩节故事：那时她的父母总会盛装出席大学校友返校日活动。在那个年代，返校日的庆祝流程总是以校友聚会开场，接着是橄榄球赛，最后以集体感恩宴收尾。等到坎蒂长大成人时，虽然返校球赛已不再安排在感恩节当天，但这份集体欢庆的传统依然延续下来。

"当我终于以青少年的身份参加了那场感恩节鸡尾酒会时，才算真正见识到了几分乐趣，"坎蒂深情回忆道，"那华美的酒店宴会厅、雍容的皮草大衣、翩跹的舞姿、围桌的谈笑，还有乐队的盛大演奏，这一切构成了令人心驰神往的聚会图景。"

多年后，已在华盛顿特区定居的坎蒂，如今有营销总监、妻子与母亲三重身份。她开始在每年感恩节前夜举办自己的节日聚会，选择华盛顿特区的休闲酒廊或餐厅，邀请大学同窗、新旧邻居、志愿者伙伴等对她意义非凡的人欢聚一堂。这项名为"友谊颂"的年度聚会传统始于2012年。

"那时我30岁出头，尚未成家，也不确定是否会组建家庭，所以想创造属于自己的温暖聚会传统，"坎蒂解释道，"同时也是向祖父母庆祝感恩节的方式致敬。在他们那代人

第十三章 重建联结：建一个社群，赢一生盟友

的社区里，感恩节本就是与更广泛的社群欢聚的时刻。"

节日聚会自然是盘点人际关系、增进感情的天然契机，但绝非唯一时机。

对凯莱·卡尔而言，构建社群与维系联结是她全年不间断的人生功课。她是我们在第十二章介绍的卡尔，是"超越者社群"的创始人兼CEO。该社群汇聚了一群以使命为引领，追求卓越的女性共同体，她们正在通往更高层次福祉与自我实现的成长之路上并肩同行。卡尔于2020年新冠疫情期间创立了这个线上社群。当线下课程无法举办时，她将这场原定为期三个月的特别企划搬至云端，汇聚了专业导师、人生教练和故事讲述者，旨在为动荡岁月中的个体点燃疗愈、成长与互助的星火。

"在那段时间里，我们每两周'会面'一次。我强烈意识到必须建立一个线上平台，让我们在休会期间保持联系。"卡尔回忆道，"需要说明的是，首批学员中大多数是非裔女性，而首次课程恰逢乔治·弗洛伊德遇害引发抗议的周末。2020年8月首期课程结束后，学员们请求保留这个社群，对许多人而言它已成为救生索。显然，这些卓越女性一直在倾尽所有滋养他人，自己却已精疲力竭。"

据卡尔介绍，这个临时社群首次让成员们获得被关爱的权利，并结识了同类女性。于是，2021年1月，她将其正式转型为会员制社群，为会员打造安全空间。2022年9月，

她在亚利桑那州首次举办线下活动。

"人本不该活成孤岛,"卡尔说道,"疫情期间,我们许多人渐渐安于蜷缩在自己筑起的舒适茧房之中,这虽然对保护身体健康有必要,却对社交联结造成了深远影响。而社交联结正是人之为人的核心所在。"

但重建联结该从何着手呢?

将人际联结列为人生要务

妮可·文纳布尔(Nicole Venable)是华盛顿的一位说客。她与斯佩尔曼学院的同窗始终保持着密切联系,这些校友既是她倚重的力量,更是她亲手选择的家人。对她而言,参加母校年度返校庆典是雷打不动的社交必修课。

"我每年都会特意为返校日和同学会空出工作时间,"她坦言,"回到那个充满正能量与支持的环境总能让人感觉焕然一新。在我的日常工作中,传统黑人高校的校友网络是随时可以调用的资源宝库。"

42岁的亚历克斯·迪克森(Alex Dixon)同样珍视大学时代结下的情谊。这位2003年毕业于霍华德大学的CEO,因工作调动已携家人辗转美国各地十余次,现定居在艾奥瓦州迪比克市。在频繁迁徙与生活变化中,唯有与母校及同窗的羁绊始终如一,成为他重要的精神支柱。

第十三章　重建联结：建一个社群，赢一生盟友

"我是个工作狂,"迪克森说,"虽然生活在迪比克这样的白人主导社区,但(与霍华德大学的)这种联结永远是我心灵的归属。"

同样,文纳布尔则将斯佩尔曼学院和莫尔豪斯学院的校友视作自己精心培育的终身家人。"每次重逢都充满温情,"她动情地说,"我们叙旧畅谈,却仿佛昨日才在校园擦肩而过。无论旅行至何处,我总要约见当地同窗小酌。这些相聚时刻神圣而独特。"

社群联结仪式：在日程表中锁定共处时段

对坎蒂而言,主动维系人际关系至关重要。作为独生女的她,将社交圈视作第二个家。她建议那些想要在生活中建立社交传统的人,应从最本真的需求出发。

"先思考你渴望怎样的联结方式,哪些场景能让你既感温煦如春,又觉宾至如归,就从那里开始。当然,若你也喜爱节日欢庆,钟情于《干杯酒吧》(Cheers)里那种邻里温情,何不在感恩节前夜举办一场'友谊万岁'的社区祝酒活动?已有现成的好传统,何必另起炉灶?"她建议道。

"你也可以围绕自己的兴趣爱好,开创一项年度传统活动。当你感到孤独时,不妨从最能触动你的事物入手,自然而然地成为人际纽带。去结识那些志趣相投的人。比如,组

建一个节日跑团,穿越城市的大街小巷,最后相聚在街角独立小酒馆,为自由奔跑举杯庆贺。只要是能让你感到真实快乐的事,就坚持下去,让它成为人们翘首以盼的年度盛事。"她说道。

人到中年,主动联结尤为关键。47岁的卡尔解释道:"我们观察到,身处中年阶段的女性在肩负工作与家庭责任的同时,还要应对来自社区和社会的多重压力。此时,建立深厚的人际关系和支持系统对人的身心健康至关重要。当我们身心俱疲时,维系社交似乎有违常理。但实践表明,正是这样的坚持,能为我们赢得更多支持,消解沉重的压力,更让我们在人生征途中淬炼出坚韧前行的力量。"

即便困难重重,她仍坚持为女性创建联结空间,这绝非小题大做。"研究表明,孤独感和孤立感会缩短我们的寿命,"卡尔强调,"这绝非危言耸听,而是生死攸关的大事。"

明确你的兴趣所在

如果你最近因搬迁、求学、工作调动而搬家,或因裁员、职业倦怠转行,此刻你很可能正被压力吞没,甚至精疲力竭。这种情况下,你或许需要一个与学业或工作无关的社交渠道来恢复能量。

幸运的是,我们每个人都拥有随时可启用的天然充电

第十三章 重建联结：建一个社群，赢一生盟友

系统，即那些让我们倾心的兴趣、爱好与热忱。倘若在事业繁忙期你曾将它们搁置一旁，现在不妨重新激活这些能量源泉，寻找与你志趣相投的社群。当人们遇见与自己有着相同热爱（尤其是小众爱好）的同好时，往往会迸发出惊喜的火花。

有哪些兴趣是你曾独自沉醉其中，或早已搁置一旁的？无论此刻你身在何处，试着去寻觅一个工作坊、课程或聚会，那里的人们正在共同探索这份热爱。当你融入其中时，请用心记住遇见的每一张面孔。

挖掘你的校友资源

即使你当年在校时并不活跃，如果能找到求学时期的校友会，这很可能成为你快速结识新朋友的现成人脉网。

谈到校友会，多数人只想到同届校友。但其实无论早你十年毕业还是晚你十届入学的校友，你都会受到同样欢迎。聚会中必定会出现你学生时代未曾谋面的面孔。若是参加特定年级的校友活动，更可能遇见当年有过一面之缘的同学，如今正是深化交往的良机。

尽量参与线下活动。若当地暂无线下聚会，不妨加入校友群。通过社交平台，你能得到毕业典礼、学位授予仪式、校庆活动期间的季度或年度聚会信息。

寻找年轻后辈,亦师亦友共成长

如果你正在重新出发或有机会重塑人脉网络,很可能你已积累了一些对职场新人有所裨益的创意或专业技能。别让这些能力荒废,更重要的是,别让它们退化殆尽。

你可以联系当地高校,询问新机构是否有正式的导师匹配计划。主动告知他人你愿意分享经验。寻找指导年轻职场人的机会,这不仅能助你保持专业技能敏锐度,为未来项目储备人才,暴露现有方法的不足,还能让你同步掌握行业最新趋势。

随着职业资历的增长,你的人脉圈也会自然成熟。当部分同事退休或离职时,圈子难免收缩。担任导师正是维持人脉活力的绝佳方式。通过传授经验,你既为自我赋予意义,又创造了结识新人的契机,更可能获得被引荐的机会。与此同时,你正在助力他人或团队脱颖而出,这堪称多方共赢的完美循环。

找到你的用武之地,发挥你的独特价值

参与至少一个志愿组织,在结识新朋友的同时回馈社会。若你正处于职业转型期,不妨做些策略性调研:仔细研究你希望在新行业或新机构中建立联系的关键人物。查看他

第十三章 重建联结：建一个社群，赢一生盟友

们的资料，在网上搜索相关资讯。比如，他们参与了哪些组织？担任董事会的什么职务？获得过哪些机构颁发的奖项？每年固定出席哪些筹款活动？

当你锁定新行业中的精英圈层及其核心活动平台后，可通过以下方式积极融入：主动担任志愿者，向组织管理层自我介绍，积极参与各类活动。

▎打造你的专属社群圈

如果尝试融入现有社群后仍不满意，不妨创建一个你希望存在的新社群。许多新兴社群都始于一个人渴望围绕某种兴趣或身份建立联系，而这种需求在现有市场中尚未得到满足。

你之所以想建立人脉网络，很可能是因为目前还没有现成的，因此召集他人可能并不像向熟人宣布新聚会那么简单。你可以改为从参与现有社群开始，同时为你的群体物色新成员。

比如，我若想创建一个"40岁以上有志出书的妈妈"的社群，我可能会先加入现有的写作小组，看看能否找到40岁以上的成员；也可能会参加妈妈群，寻找其中有写作爱好的妈妈；还可能会加入40岁以上的女性群体，看看其中是否有既是母亲又是作家的女性。你应该明白这个思路了。

同样的方法也适用于线上。社交群组是围绕共同兴趣建

立社群的绝佳方式，也能帮助你测试某个兴趣的市场需求。运用我刚才分享的策略，你可以创建一个名为"40 + 作家妈妈"的群组，看看谁会加入。先在线上建立一定的社群基础，再考虑发展到线下聚会。

精心规划人际连接

尽管这些都是拓展人脉和社交圈的策略，但唯有当你真正用心经营人际关系，并勇于展现真实的自我时，这些方法才会奏效。若你渴望生活中拥有更多真挚的联结，就需要制订切实可行的计划，明确自己每天、每周、每月、每季度乃至每年能够采取哪些具体行动来创造更多人际联结的机会。

比如，每周可以给一位许久未联系的朋友发条信息，简单问候近况；参加一次瑜伽课或其他兴趣课程，或是约新认识的人喝咖啡、共进午餐，慢慢培养情谊。每月不妨参加校友聚会，或是与你指导的年轻职场新秀们交流探讨。每个季度，可以组个早午餐或晚餐局，邀请新结识的朋友们面对面相聚，让大家互相认识。每年可以规划参加行业大型会议、母校校友返校活动，或是你感兴趣的相关聚会。

由此可见，这套方法其实并不耗时，但贵在用心经营。只要提前花些时间规划，合理安排你的社交时间和邀约对象，几个月后你的人际网络很可能就会焕然一新，你会收获全新的人际关系圈。

人脉共赢：从孤独创业者到社群缔造者的蜕变

美妆订阅品牌"卷悦美盒"创始人麦蕾克·蒂莱曾多年埋头苦干，直到成为母亲后，她在育儿生活中感到孤立无援。秉承一贯的行动力作风，她决定自建解决方案，于是她创立了一个供母亲们共享资源的线上社群。

蒂莱深谙社群的力量。早在发展订阅业务期间，她就开设播客分享商业与职场经验。这档节目引起了渴望获得指导的女性群体的共鸣，其中许多人都是家族中首位上大学或进入企业界的成员。

随着她持续在节目中解答听众疑问，并通过线上渠道与听众保持互动，一个志同道合的社群便水到渠成地形成了。最近向她发出演讲邀请的，正是那些从大学时代就开始收听节目，如今已在哈佛大学和普林斯顿大学等顶尖学府深造的忠实听众。

蒂莱说道："当初我创建了这个社群，滋养了她们，如今她们也在回馈我。"她将自己在人脉建设上的成功归功于主动创造那些她曾经渴望拥有的事物。她打造这些社群，就是为了能参与那些自己向往的对话，体验那些心之所向的经历。

蒂莱说："拥有朋友是一种幸福，拥有家人是另一种幸福。但创造一个属于自己的社群，或是融入一个让你找到归属感的群体，这或许是人生最珍贵的馈赠，它的治愈力量，任何语言都难以形容。"

核心洞见

- 连接感为我们注入能量，孤独与孤立则会消耗我们的精力，加剧职业倦怠。事实上，研究表明，孤独甚至可能引发身体上的疲惫感。

- 有些关系能滋养能量补给型关系，而另一些则可能让你精疲力竭。不妨梳理你的人际关系网，厘清哪些类型的人际关系你已经拥有，而哪些类型的人际关系仍需补足。

- 缺乏支持系统可能正是你职业倦怠的推手。试图事事通晓、亲力亲为只会导致过度消耗。与其如此，不如建立能为你提供支持的人际网络。

- 要获得真正的归属感，需要你主动付出努力并持续用心经营。若你尚未感受到所需的情感联结，不妨审视现有社交网络中需要强化的部分，并考虑加入一些定期的传统社交互动，以保持情感联结。

- 无论你在生活中哪个领域感到孤立，总有一些旧日情谊可以重燃，或者，你可以围绕你的兴趣领域、同好社群或校友网络，建立新的联结。

The Rest Revolution

14

第十四章

破局职业倦怠：
从组织支持到自我赋能

尽管自2019年世界卫生组织将"倦怠"定义为一种"职业现象"以来，相关报道持续占据头条，但员工的倦怠率仍在攀升。根据AFLAC（American Family Life Assurance Company）最新报告，高达57%的美国员工正在经历至少中度职业倦怠，2023年因心理健康问题请假的员工比例较2022年激增33%。

长期以来，超负荷工作的员工只能独自应对压力，直到近年才有健康顾问、职业教练和治疗师介入，来填补这一空白。这场倦怠危机催生了专为疲惫的职场人设计的"私人疗愈静修"热潮，这些项目只为提供一个能安心休息的规范化空间。

奥克塔维娅·拉希姆（Octavia Raheem）就是这类休息疗愈项目的创办者。2012年经历严重职业倦怠后，她成功走出低谷，转型成为静修导师、休息教练及恢复训练专家。

"那时我既有全职工作，又兼职教瑜伽。我那时坚持练习瑜伽，每周要上三到五节课，"她解释道，"但很明显，我需要的远不止是几节瑜伽课那么简单。"

她参加了玛雅·布鲁尔（Maya Breuer）的瑜伽静修活动，这段经历让她意识到：与常规瑜伽课相比，自己更需要足够的空间和时间来彻底重启身心。在担任瑜伽冥想导师十余年后，她开始主导静修活动。首次静修中，参与者之间建立的深厚信任、深度对话、情感共鸣与心灵理解都令人触动不已。

许多女性参与者发现，自己不必永远坚强。"她们可以全然放松，释放压力，享受安宁。"

除个人体验外，她更亲眼见证静修如何影响那些职场精英、家庭支柱和组织领导者。这种双重确认让她深刻意识到：在疯狂内卷的世界里，拥有一个能暂时抽身的避风港何其重要。

虽然早期静修以瑜伽为基础，但不断有女性反馈：她们渴望真正慢下来，不愿在静修中继续"表演式"练习。"她们在工作中已经表演够了，来这里不是为了重蹈覆辙。"

随着一次次静修开展，她逐渐将核心转向深度休息与修复性练习。"整个空间里的呼吸声都变得更深沉了。"

第五章提到的伊玛尼·塞缪尔斯在女儿经历健康危机后辞去企业职务，创立了 HURU 健康中心，专门为极度需要休息的人群提供个人、团体及企业静修服务。

"我们相信，可以通过刻意安排的休息来推动社会变革，"塞缪尔斯说道,"过度行动本身即是症结所在。世人早已精熟于'行动'（动态实践），静修的理念则美妙地重拾了'存在'（静态本质），这个被当今社会日渐遗忘的生命状态。"

自2020年发展至今，HURU为全球各地女性提供服务。塞缪尔斯观察到，前来寻求疗愈的女性主要分为三类：长期超负荷工作、被日常压力折磨到身心俱疲的职场女性，追求自我关怀、精神成长或梦想空间的人生探索者，以及那些深知静止重要性，需要广阔空间来精进技艺的企业高管、创业者和创意工作者。

谈到她最具特色的个人静修体验服务时，塞缪尔斯发现所有群体都存在一个共同点：许多人虽然意识到需要休息，却不知如何真正休息。"这两种状态可以并存，"她说，"人们往往对断联或独处静思心存恐惧。"

谈及静修产业的兴起，塞缪尔斯指出，许多人已然意识到一种"无私文化"的桎梏。在这种文化熏陶下，人们被"驯化得将任何自我关怀都视为放纵，并当作缺乏责任心的证据"。她援引了两项研究数据：皮尤中心的调查显示，55%的受访者每周都在探寻人生意义；而美国卫生局发布的孤独研究则表明，缺乏社会联结（幸福科学理论的核心变量）对健康的危害程度，相当于每日吸15支香烟。

尽管美国的"大辞职潮"与新冠疫情时间重合，但社会

第十四章 破局职业倦怠:从组织支持到自我赋能

科学家托德·罗斯(Todd Rose)与其同事早在该现象成为头条前,就已察觉员工情绪的变化。"我们早有预见,原因在于:'大辞职潮'的表述本身就有误,人们并非想逃避工作,而是渴望另一种工作形态。"

罗斯特别指出,员工并非彻底逃离职场,而是选择转换工作轨道。通过其智库最负盛名的非公开意见调研,他洞察了这一现象的本质:在公开场合,多数人始终掩饰着对工作的真实感受;而借助独特的调研工具,他和团队最终剥离出美国人最核心的工作诉求,他们渴求的远不止是一份薪水。

"当代人究竟渴望从工作中获得什么?他们的工作取舍标准是什么?你会发现,人们真正渴求的是意义感和使命感,是能够做出贡献,"罗斯告诉我,"他们希望在工作中能做真实的自己。不是说要把工作当成生活的全部,而是需要工作成为理想生活的积极组成部分。"

宏观层面的疫情冲击,叠加个人层面的变故与转型,促使越来越多的员工开始审视自己的时间分配,他们希望将时间投入真正重要的事务。正如罗斯所言:"越来越多人敢于直言——人生苦短,不愿再为无意义的工作耗费生命。"

罗斯指出,"工作应当有意义"这一观念其实相当新颖。传统观念认为工作本就不该是愉悦的,上班只为赚取薪水,满足感应当从别处获取。但根据他的研究观察,这种认知正在转变。工作的意义开始真正重要起来。

更耐人寻味的是，越来越多企业CEO主动联系罗斯，试图理解人才招聘与留任的奥秘。他们逐渐意识到：若员工无法从事有意义的工作，再丰厚的福利和公司声望都形同虚设。"关键在于工作内容本身。企业若想吸引留住顶尖人才，就必须明白'有意义的工作'这个概念有多重要。"

由于罗斯和其同事进行的是私人民意调查，他们发现：人们的态度转变往往先在私下发生，而后才公开显现。"我们观察了人们向往的生活状态，又研究了他们对工作的期待。这种转变最初是以相当大规模在私下酝酿的。我们早已发现，诸如疫情、战争等重大社会冲击往往具有'价值澄明'效应。当系统性震荡来袭，人们会以'人生苦短'的顿悟姿态，迅速回归最本真的价值追求。"

罗斯指出，员工正逐渐认清一个关键：唯有明白什么对自己真正重要，才能做出明智选择。

疫情虽在个人层面引发了自省、探索、成长与疗愈的浪潮，但罗斯发现企业管理者也开始思考如何主动求变。令他振奋的是，越来越多的公司开始认识到世界与员工的演变方向。如今，罗斯团队正与各大企业合作研究"员工留任动因"，而非纠结于离职理由。

"我们从未探讨过这个问题。人们总以为'不想走'就等于'愿意留'。但数据显示：那些在工作中找到意义、获得尊重、能够真实做自己的人，才是真正愿意长留的人。而这些人往往也是最优秀的合作者与同事。"

他坚信，新型工作观完全不必以牺牲效率为代价。"事实恰恰相反，"他强调，"将员工视为螺丝钉的管理模式早已榨不出任何效益，这条路已经走到尽头。"

职场如何为倦怠员工提供支持

尽管本书提出了针对倦怠的个人应对方案，但我们必须警惕：在探讨解决方案乃至描述现状时，切勿陷入将改革重担完全推给个人的思维陷阱。

2020年以来普遍存在的职业倦怠，既是疫情冲击的产物，更是日益不可持续的工作模式与期望值累积的结果。简言之，这场倦怠危机早在疫情前就已酝酿多时，全球卫生危机只不过成为压垮骆驼的最后一根稻草。

职场倦怠的根源错综复杂，本质上是结构性顽疾。个人层面的修修补补，终究难以撼动体制性的症结。然而，我们都可以加入呼吁变革的众声之中。当关于合理休息与抵制过劳的讨论成为常态，我们就能推动思维范式的转变，这种转变终将重塑社会认知，进而催生制度层面的深刻变革。

在应对员工职业倦怠及促进心理健康和福祉方面，不论是职场环境还是社会整体层面，美国仍有显著的提升空间。

心理健康状态是多重因素共同作用的结果，其中部分因素恰是职场能够影响的。虽然雇主无法消除导致倦怠的个人诱因（比如家人离世或罹患重症），但完全可以通过改善工作方式，来缓解职场对员工心理健康造成的负面影响。

提高薪酬待遇、落实休假制度、建立合理的工作界限，乃至推行远程办公或四天工作制，这些看似激进的改革方案，实则都具有可操作性。我认为，人们最迫切需要的是获得足够的时间余裕和生活空间，以便在人生遭遇不可避免的变故时能够从容应对。

近年来，职场中关于职业倦怠和心理健康的坦诚对话发生了巨大变化。过去这类话题根本无处容身。事实上，我身边就有这样的案例：有人因害怕失去职位而竭力掩饰自己无力应对工作的事实，也有人刻意避免给雇主任何裁员的口实。

最易陷入职业倦怠困境的群体，往往身处收入不稳、健康隐忧等多重压力之中，却始终难觅支持系统的踪影，更不用说获得实质性的保障了。

新冠疫情造就了一个全球共鸣的特殊时期，所有人都在经历相似的困境。它不仅冲击着人们的心理健康，更创造了一个前所未有的社会场景：越来越多的人开始主动寻求心理咨询，在网络上探讨压力、抑郁和焦虑问题。正是在这样的背景下，要求为在职父母提供带薪休假等职场保障政策的呼声日益高涨。当无数人同时陷入相同的困境时，我们发出的集体呐喊是："这样的生活难以为继"。

那么，究竟是哪些因素在侵蚀职场人的心理健康？又是什么导致了职业倦怠？个人因素固然存在，这对每个人来说都不尽相同。但就职场环境而言，根源往往可以归结为以下几点。

- 过度加班的文化：将超时工作视为常态。
- 扭曲的价值观：把工作凌驾于家庭甚至健康之上，并对此习以为常。
- 职场可持续性危机：从个人角度看，不可持续的工作模式已然显现，而企业层面则普遍存在对工作产出的非理性要求，具体表现为同事关系持续紧张，工作时间边界模糊，工作量无序增加，员工被迫超负荷承担多岗位职责，系统性支持缺失，工作节奏始终紧绷。

当系统性歧视遇上自我调节

如第十二章所述，我鼓励人们探索并培养能让自己感到更放松、更专注的实践方法，并有意识地将这些习惯融入日常生活。以下是我的个人工具箱中的部分方法（本书中已多次讨论）。

- 写日记。
- 冥想。
- 制作感恩清单。
- 呼吸练习。

就像使用 Peloton 健身车[○] 取决于你自己一样，坚持进行有益心理健康的日常锻炼也完全取决于你。

在讨论职业倦怠、心理健康与幸福感时，我们必须正视少数群体和有色人种面临的特殊挑战。女性、酷儿群体和有色人种之所以比其他群体更容易陷入倦怠，存在着特定结构性因素。

基于种族、性别和性取向的歧视都会造成持续伤害。此外，薪酬不平等、住房歧视、健康资源分配不公，连同你所关爱之人遭遇的歧视、不公与困境，这些都在日常生活压力之外，又叠加了一层能量的消耗。

不妨用身体健康来类比理解：就像人人都可能感染新冠肺炎、流感或普通感冒，但若患者本身患有哮喘，或因化疗等治疗导致免疫力低下，健康风险就会骤然升高。这些患者正因为叠加了并发症因素，才显得尤为脆弱。

○ Peloton 健身车是一款高端智能动感单车，配备大尺寸触控屏和直播互动系统，让用户在家就能体验专业教练的实时课程。它通过在线排行榜、社群挑战和数据追踪功能，营造出类似健身房的沉浸式运动氛围，已成为美国中产家庭的热门健身选择。

第十四章 破局职业倦怠：从组织支持到自我赋能

这些日常需要应对基于种族、性别和性取向的微歧视乃至公然歧视的压力（有时甚至要担心人身安全）与"机械思维"引发的倦怠问题相互叠加，产生了雪崩式的复合效应。

企业策略：为弱势群体构筑心理安全网

企业可采取以下策略，为职场中的弱势群体营造更具包容性与支持力的心理健康环境。

- 提供远程办公选择。
- 推行弹性工作制度。
- 允许员工定期享受带薪休假。
- 在招聘、薪酬及晋升机制中保持透明。
- 明确公示考核标准与绩效指标。
- 薪酬与沟通并重，让员工切实感受到自身价值。
- 确保不同性别、种族及性取向员工的同工同酬。
- 提供职业晋升的机会。
- 鼓励员工合理休息，保障心理健康假期。

简而言之，当雇主将员工视为机器而非活生生的人，且员工又不得不勉强达到这种非人性化的标准时，员工的职业倦怠便会出现。

员工或许并不指望企业提供专门针对倦怠的福利，但若能享有定期心理健康假或全员集体休整周，自然再好不过了。归根结底，员工期待的是企业能从根本上消除导致倦怠的诱因。他们希望在以下这样的职场环境中工作。

- 获得尊重。
- 得到体谅。
- 享有公平合理的薪酬。
- 拥有弹性的工作时间。
- 被允许犯错。
- 在经历重大人生变故（比如亲人离世或新生命降临）时获得充分的处理时间和空间。

说白了，拿人当人，人非机器，别拿人当机器使。

企业如何助力员工战胜职业倦怠

企业必须着力构建心理安全感，并通过示范行动表明：员工可以安心地谈论自己的职业倦怠问题。但若你所在的企业尚未营造这样的氛围，切记谨言慎行。

在沟通层面，如果我们能像对待身体不适一样坦然地讨论心理健康症状，就能更从容地开启这类对话。这就好比扭伤脚踝时，你会自然而然地承认自己难以集中精力、工作效率低下。当遭遇重大健康危机时，要求员工强撑工作同样不

第十四章 破局职业倦怠：从组织支持到自我赋能

合情理。

像重视身体健康一样关注心理健康，首先要明白：每个人都有状态不佳的时候，包括你自己。心理健康是整体健康的一部分。若你整体状态欠佳，完全可以坦诚相告。其次，对于那些未能营造心理安全感的企业，员工真没必要非得把"职业倦怠"这几个字挂在嘴边。如果需要请病假，那么就请病假，别硬撑。要是因为心里不痛快想休息，直说也无妨；但若觉得环境不够包容，简单说句"身体不适"就好。

即使在没有心理安全顾虑的情况下，我们也需谨记：心理健康属于个人隐私范畴。有人对所有健康问题都讳莫如深，这很正常。员工没有义务向雇主详述健康状况，企业也应当尊重每个人对隐私的不同态度。

企业文化始终自上而下形成，心理健康建设也不例外。要打造更具心理安全感的工作环境，领导者必须以身作则：既要示范如何开展这类对话，更要明确表达对这些话题的包容态度。

具体而言，企业可通过三大渠道传递文化内核：价值理念的宣贯、文化故事的传播，以及特色活动的策划。比如，企业可以通过举办职业倦怠主题内部座谈会，并投入资源制订应对策略来系统性地解决这一问题。此举明确传递出企业的四个态度：视其为重要议题、提供讨论空间、推动常态认知和拒绝回避或污名化。

企业可以通过管理层主动展现适度的坦诚与脆弱来开启真诚对话之门。因为若非真心实意，员工自能察觉，因为安全感从来无法刻意营造。

对那些希望与员工建立信任的企业而言，诚信至关重要。当员工感受到你的关怀，认可你的诚信，并愿意信任你时，他们在困境中会更主动向你敞开心扉、寻求支持。

核心洞见

- "机械思维"模式正在瓦解。从企业层面看，四天工作制试点的成功、远程办公的广泛普及以及每周带薪休息日的推行都印证了这一点；从个人层面看，养生度假的兴起和 HURU 等以休息为核心的企业的成功也证明了这种趋势。
- 我们期待建立新模式，并坚信实现更优的工作与生活平衡是完全可能的。现有研究表明，我们的价值观已经转向追求有意义的人生与事业。
- 个人无法化解导致职业倦怠的系统性症结，而组织也无法替员工完成培养静心修习的个人功课。
- 人们正在重新定义成功，寻求与内心目标一致的平衡，并将休息纳入其中。职业倦怠不应该是工作的必然产物。

后　记
拒绝"永续绽放"

这些年，每到 12 月，我总能收到大学同窗寄来的作为节日赠礼的休眠朱顶红球茎。第一次收到这份礼物是在女儿出生那年的圣诞节前几天，同窗把它送给了我和我那两个十一二岁的儿子。礼物附言写道："愿这株生命伴你们见证新生。"

我们确实乐在其中。

从未在寒冬时节培育过室内开花植物的我们，全然不知将见证怎样的奇迹。这株植物每日的生长变化很快便让我们惊叹不已。最初只是花盆里一截毫不起眼的褐色球茎，转眼间一个尖尖的绿色花蕾就从里面探出头来。我们悉心浇水，日日守望，耐心等待。

奇迹就这样悄然发生。花茎仿佛在一夜之间拔节而起，短短数周内，这份礼物就从一盆朴实的泥土蜕变成了我们见过的最美的花景。恰逢情人节来临之际，朱顶红为我们绽放出最动人的姿态。那些绚烂的花朵，正是漫长休眠期默默酝酿的厚礼。

我们将花盆摆在客厅壁炉架上,尽情欣赏了十天左右的花期。然而花开花谢终有时,曾经鲜艳的洋红色花朵渐渐褪去颜色,花瓣一天天凋零飘落,直到我们明白,这场盛放已至终章。

当我查阅植物养护资料时,一段文字直击心灵。

"花期结束后,球茎已耗尽养分,需要时间重蓄能量。朱顶红必须经历休眠季,时长约等同于其生长季,方能再度绽放。"

在那般绚烂的盛放后,植株需要休养生息才能再度开花,这实在是再自然不过的事。若期待它下周就能重现同样耀眼的花姿,已属荒唐;若要求它永不凋零且持续盛放,更是违背天理。

然而,现代人类对待"绽放"的方式,却将这种荒谬期待视为常态。尤其对多数美国人而言,自踏上职场齿轮那刻起,就被要求在整个职业生涯中持续进步,永远保持巅峰状态。若从小学到大学的竞赛成绩开始算起,这种"永续绽放"的期待几乎贯穿了整个人生。除了寥寥几个法定假日、病假,以及皮尤研究中心数据显示每年有 52% 的美国人未能休完的带薪假之外,职场人的整个职业生涯中根本没有规律性的长期休整季。

为人父母者与照护者承受的期待更是层层加码。育儿与照护，没有朝九晚五，不分周末假日，这些耗尽心力的无偿劳动往往还要与本职工作双线作战。

我们可悲地背离了自然界最基本的生存智慧。为何朱顶红"永续绽放"的荒诞期待到了人类身上就成了理所当然？

正如朱顶红球茎在奋力抽茎开花后精疲力竭，我们人类亦是如此。年复一年被迫"永续绽放"的我们，终于来到了崩溃的边缘。

我们终于意识到：永不停歇地透支生命而不留休养生息的空白，这样的生存方式终将让人走向枯竭。

诚愿此书能为你拨开迷雾且挣脱"永续产出"这一危险期待的枷锁，因为那是终将令人油尽灯枯的桎梏。当你开始学会善待自己，优先选择那些能为你充电赋能的活动和人际关系时，希望本书能为你的思考提供养分。

致 谢

感谢洛根（Logan）、康纳（Connor）、莱顿（Leighton）和马克（Marc），你们一直为我祝福，并始终守护我笔耕不辍的初心。

感谢安柏·卡布拉尔，您的鞭策与鼓舞让我得以勇敢启程。

感谢天赋赋能学院的所有学员！

特别鸣谢每一位为本书抽出宝贵时间接受访谈的朋友！